· 未来学校创新计划系列丛书 ·

未来教师的

研究素养

丛书主编　王　素
丛书副主编　袁　野　李　佳
吴颖惠　著

助你成为
研究型
教师

法国思想家罗曼·罗兰说："世界上只有一种真正的英雄主义，那就是认清生活的真相后依然热爱生活。"

我说："实践中只有一种真正的研究型教师，那就是在看清教育研究的真相后依然热爱研究。"

机械工业出版社
CHINA MACHINE PRESS

全国基础教育改革看北京，北京基础教育改革看海淀。本书由中国教育科学研究院未来学校实验室联合北京市海淀区教育科学研究院编写，是一本我国中小学教师面向未来开展教师研究真正需要的书。全书共九章，从研究型教师的知识、能力和素质结构入手，用通俗易懂的语言，分析中小学教师职业发展历程，提出未来基础教育改革需要大量的研究型教师。

研究型教师是一个逐渐成长的过程，需要掌握教育科研的基本方法和工作流程，在研究学生、研究教学、研究教育的过程中，最终成为具备良好思维品质、学习能力、表达能力和信息素养的优秀研究型教师。教育科研是研究型教师成长的必由之路。中小学的教师研究不同于高等院校和科研院所的学者研究，以观察研究、个案研究、叙事研究和行动研究为主，是一种实践场景中的问题解决式研究。研究让教育生活富有理性思想的光芒，研究让教师成为教育的思想者、行动者和反思者。

图书在版编目（CIP）数据

未来教师的研究素养/吴颖惠著.—北京：机械工业出版社，2022.6
（未来学校创新计划系列丛书/王素主编）
ISBN 978-7-111-71311-1

Ⅰ.①未…　Ⅱ.①吴…　Ⅲ.①中小学—教师素质—研究　Ⅳ.①G635.16

中国版本图书馆CIP数据核字（2022）第136958号

机械工业出版社（北京市百万庄大街22号　邮政编码100037）
策划编辑：熊　铭　　　　　　责任编辑：熊　铭　夏晓琳
责任校对：史静怡　　　　　　责任印制：李　昂
北京联兴盛业印刷股份有限公司印刷
2022年9月第1版第1次印刷
184mm×260mm·10.25印张·246千字
标准书号：ISBN 978-7-111-71311-1
定价：35.00元

电话服务　　　　　　　　　　网络服务
客服电话：010-88361066　　　机　工　官　网：www.cmpbook.com
　　　　　010-88379833　　　机　工　官　博：weibo.com/cmp1952
　　　　　010-68326294　　　金　书　网：www.golden-book.com
封底无防伪标均为盗版　　　机工教育服务网：www.cmpedu.com

Foreword 前言

呼唤研究型教师

对多数人而言，一提起研究，最容易想到的就是科学家的研究，或者大学教师的研究。谈到中小学教师开展研究，很多人都会不屑一顾，认为中小学教师"把书教好"就行了，没有必要搞什么研究。在国人的思维习惯中，研究是神圣而崇高的事业，是"高大上"的专业工作，是高等院校和科研院所学者理论思想创新的工作，而普通中小学教师从事育人实践工作，自然没有研究的内涵。实际上，这里所说的"研究"，既是一种工作态度，也是一种工作方式。人人都需要在研究中工作，在工作中研究，这样才能够出思想、出经验，创造性地开展工作，普普通通的实践工作才会被赋予思想创新的内涵。

从根本上讲，研究分为理论研究、应用研究（或实践研究）和开发研究等不同类型。这里所说的"研究"，显然是应用研究（或实践研究），人人皆可在工作中场景中研究，研究时时处处皆可发生。研究是一种思维方式、工作习惯和工作方式。作为为人师表的中小学教师，自然需要研究教育，以研究来提高自身的思想境界、学术涵养和工作能力，提高平凡教育工作的价值感和意义感，也需要在研究中不断改进教育教学，不断提高教育教学质量与水平。研究既是未来教师的专业工作方式，也是其重要的专业素质，是教师教育思想理念和教育价值观的集中体现。

本书提出"教师研究"的概念，期望对现存的、已被模式化的"教研""科研"的概念有所突破，它是整合了原有的"教研""科研"的概念，不再强调两者之间的边界或差异，也不严格区分两者的工作领域与范畴，而是从教育研究活动本质出发，强调在教育教学实践过程中"发现问题、提出问题和解决问题"的职业能力与专业素养。

教师需要科学从事教育教学工作，需要有思想、有策略、有方法、有效果、有反思、有评价，而这也正是教育研究活动所需要的专业素养。"研究"是未来教师的基本素养之一。"研究"不仅要解决"教什么""怎么教"的问题，还要解决"为什么教""教得怎么样"的问题。"研究"让教育实践工作具有理性思索的光华、富有思想创新的内涵。

本书在科学分析教师研究的价值、内涵和外延之后，对教师研究内容、教师研究素养和教师研究方法进行严密的分析论述。教师研究的根本目的就是服务教育教学实践改进，包括研究学生、研究教学、研究教育。其中研究学生包括研究学生心理发展、研究学生全面发展、研究学生成长规律等；研究教学包括研究课程标准、研究教材、研究方法、研究作业、研究考试等；研究教育包括研究教育政策、研究教育思想、研究课程教学、研究教育行为、研究教育评价等。

1 教师研究的实践价值及理论意义

教师职业从表面上看，是人类知识和经验的传递行业，具有简单性、重复性、经验性等特征，但实质上这个职业涉及不同代人之间的思想交流、知识传递、精神成长、文化培育和价值观认同，是一项复杂的育人工程，是一个需要大量付出体力和智力的艰辛职业。教师需要在工作过程中不断研究、不断进步；研究学生、研究课程标准、研究教材、研究教学、研究评价，不断探索和总结出适切的教育教学方式，满足学生个性化学习需要。

教师参与研究，需要在教育实践过程中，不断观察、思考、分析、总结、反思等，将研究与工作密切结合，不断更新学生观、教学观和教育观，提升自己教育教学反思能力，重建自己的"个人哲学"，丰富和提升实践智慧，进入自我完善的积极工作状态，成为教育问题解决者、教育行动的改进者。

我们期待更多中小学教师，通过阅读本书，能够在教育教学实践过程中，自觉主动面对教育困境与问题，将研究与日常教育教学工作有机融合在一起，边实践、边总结、边研究。我们希望更多教师愿意学习教育理论，能够掌握基本的教育规律，愿意自觉自愿投入到教育研究实践之中，自觉寻找教育问题的解决方法与策略，努力探索教育教学变革的新思路、新方法，不断提高自身的专业素养，从而走上专业发展的幸福道路。

学校教育中可能存在的种种问题、怪象，从根本上讲，大多是教育思想理念的认识问题，实质上多半是教师参与教育研究、主动变革教育的问题。教师只有在不断研究教学、研究教育的过程中，才能够感受到新的教育理念与方法的优势，才能够激发出内在参与教育教学变革的积极性和主动性，才能够主动变革教育教学，促进我国基础教育质量和水平不断提高。研究教育教学是从事教育教学改革的必然要求。教师参与教育教学改革既是教育事业发展的现实需要，也是教师专业发展的根本途径。

教师专业化发展的本质就是提高教师职业的文化素养和专业内涵。良好的研究素养是提高教师职业文化素养和专业内涵的基本途径，这也是教师职业区别于其他职业的本质特征。大量优秀教师成长的案例表明：没有文化素养做不了教师，没有研究素养成不了优秀教师，优秀教师一定是具有文化素养和专业内涵的。在教师专业素养结构中，教育研究能力是最为重要的能力之一。

我们希冀未来教师，能够在教育研究过程中，加强教育理论学习，不断优化自己的知识结构，不断增加对教育问题的理解深度。教育研究需要教师基于问题开展学习，能够解决教师学习热情与激情不足的问题；通过参与研究，能够最大限度解决教师学习动力和学习效率问题，引导教师在教育教学实践过程中，不断完善自身知识结构和认知范畴，以最简便易行的方式，促进教师知识结构重建，最大限度提高教师学习效率，降低学习成本；通过教师自主自愿的学习活动，引导教师自觉自愿地完成专业发展的职业诉求，走上文化素养和专业内涵双丰收的职业道路。

2 教师研究的逻辑起点和内在特质

教育是传承文化、创造文化的实践活动，教师面对着复杂的教育情境，身边时时处处都会出现问题，需要进行大量创造性研究工作。从这个意义上说，教育教学工作本身就具有研究的性质，研究是当代教师职业的基本特性之一。研究使教师回归到其职业特性的本来面貌，促进教师不断地构建和更新自己的专业内涵，提高自身的专业素养，促进教师终身学习和终身发展。

对教师职业而言，"工作"与"研究"实为一个事物的两个方面，不是"两张皮"的关系，而是有机融为一体的，有机统一于教书育人的全过程之中。一般而言，教师研究选题来源于教育教学实践活动及衍生的问题。反过来，通过研究，可以对这些教育教学实践问题及现象进行深入探讨，揭示教育教学内在运行与发展规律，这有助于更新教育教学理念、拓展教育教学内容、改善教育教学方法、完善教育教学组织形式，有助于促进教育教学活动顺利有效地开展，有助于教师形成新的教学智慧。

教师开展教育研究，能够充分激活教育思想的创造力。教师既是教育实践的承担者，也是教育实践的思考者。从理论到实践，从实践到理论，教师研究创造了丰富的教育经验，推动了教育改革的深入发展。教师需要时刻关注教育理论思想和政策的变化，时刻把握教育实践脉搏的变化，成为教育思想与政策落地的中间力量，成为教育改革的行动者。当然，中小学教师开展教育研究最根本的目的是促进自身的专业发展，毕竟研究是教师专业发展的有效途径。教师研究的最终目的是要提升思想能力、行动能力、教学能力、学习能力和专业表达能力等，从而走上专业化的发展道路。

中小学的教师研究的确不同于高校的教师研究，具有独有的教育研究目的、意义、目标、范式、方式和成效。教师研究是一种行动研究的范式，重在教育教学问题的发现和解决，是一种发现问题、提出问题和解决问题的行动研究，通过实践中的问题找证据，学情诊断，反思整合，在实践中收集数据来支持行动改善，评估效能并构建新证据，因此，教研和科研不可分离。教师研究重在问题的解决，而不是论文成果的发表，是一种自下而上的教育实践研究，能够将研究与实践结合起来，在行动中不断实践，而不是应用教育论去完成确定的教育任务。

3 教师研究的素养结构和方法体系

教师是在教书育人工作场景中进行研究，是工作常态下持续不断的自主研究。要提升教师研究能力，就必须改善教师思维方式，增强理论思维能力，改善教师的阅读方式，提高教师的信息获取能力，创造一种在工作环境中勤于思考、热爱学习、研究问题、乐于笔耕、善于专业表达的能力。通俗地讲，教师研究需要具备"听说读写"的基本能力，其中"听读"是从事研究的信息获取能力，而"说写"则是从事研究的专业表达能力。

本书从教师研究的实际出发，将教师研究的素质结构分为五大部分，包括专业思维能力、信息素养、阅读素养、专业表达能力和教育科研方法等，并从基本内涵、核心要素、行为表现及基本要求等内在逻辑方面进行了详细阐述，为教师研究勾画一个思想明确、价值清晰、简便易行、易于操作的素质结构图。

本书详细论述了教师研究与其他专业人员研究的不同。教师研究应该是解决自身教育困惑或具体问题的微观研究、应用研究，是解决具体小问题的小课题研究。教师需要在教育教学过程中发现问题、提出问题，并尝试有效地解决问题，是在对教学过程干预和教学方法改进的过程中，自然而然地进入研究状态的。教师研究绝对不是要描述和解释某些教育现象，也不是想构建教育理论，而是一种直接指向课堂，追求更为科学、更为合理的教育教学行为。教师需要以研究者的身份，去解读、分析、评价自己或别人的教育教学活动。教师研究实际上就是一种现场情景下的研究，是一种解决教育问题的研究。

教师研究要遵从科学的研究方法，需要使用文献法、调查法、实验法等，但更重要、更为实用的应该是行动研究法、经验总结法和案例研究法。行动研究法是指在自然、真实的教育环境中，综合运用多种研究方法与技术，以解决教育实际问题为目标的一种研究模式；经验总结法是对自然状态下完整教育过程进行分析和总结，揭示教育措施、教育现象和教育效果之间的必然或偶然的联系，发现或认识教育过程中存在的客观规律，提炼教育经验，为以后相同或类似教育工作提供借鉴的一种方法；案例研究法则是选择并写出自己在教育教学中遇到的真实、典型的事例，论述自己对事例的态度和认识，揭示教育事件背后的思想或原理，提出解决问题的思路、对策和建议等。

我们希冀未来教师通过参与研究活动，能够掌握基本的教育科研方法。我们希望教师学会教育观察，能够以科学严谨的方式记录教育过程中的事件或案例，并对案例或事件进行科学分析；我们还希望教师要学会访谈、学会调研，能够以求真务实的调查获得真实素材和第一手资料，并能对素材和资料进行量化数据分析，依据科学推理得出研究结论；我们更希望教师能够根据具体的教育情景灵活运用教育学和心理学的研究方法，实现对教育实践的深刻反思，形成解决教育问题的思想与经验，进而促进自身的职业发展和专业成长。

4 教师研究的理论思维和实践素养

教育实践中存在诸多非科学化的成分，需要以"科学理论"对其进行改造，使之科学化。这就使得研究者容易对教育实践活动持有一种过激的批判态度，看不到教育实践中富有想象力、创造力和生命力的生动鲜活、多姿多彩的教育现象，看不到个人经验、默会知识和实践性知识的教育价值，从而将教育实践简单化、平面化，抹杀教育活动本身的复杂性和丰富性。教师研究要基于教师自身的深度介入、深刻体验和亲身感悟，能够揭示师生身心发展的真实逻辑，提出真正有助于提高教育质量的实践策略，彰显教育研究的本真追求。

教师研究必须基于个人实践经验。实践研究要高度重视基于感同身受的体验、理解的个人经验，而非仅仅局限于理性逻辑推理或科学解释。人的身心发展轨迹数据可以通过观察、测量、实验等获得，但是这些数据背后所蕴含的广阔社会文化背景、具体教育时空情境以及人身心发展现实水平等，都需要依据个人实践经验来获得，需要开展细致入微的个案分析和经验总结研究。只有回归教育实践场景，揭示教育实践的复杂性、丰富性，揭示学生发展多样性和差异性，才能设计出具有灵活性、人文性的教育问题解决方案，形成切合实际的教育理论思想体系。

教师研究不能一味迎合教育理论的逻辑框架及话语体系，由于它不是纯粹构建教育知识体系的学理性研究，不能轻视甚至忽视教育实践的微观、部分或局部的点滴创新，而是具有强烈的实践关怀，关注鲜活教育生活中人的成长和发展的研究。教师研究就是要深度体验教育生活、充分对话教育实践，积极挖掘具体教育问题解决过程中涌现出来的实践智慧，总结和提升教育智慧，并在此基础上构建反映教育实践面貌的教育研究话语体系，让教育理论真正触动、改变乃至重构教育实践。教师研究在话语表达方式上，要采取生活化、情境化和个性化的语言，善于运用比喻、排比、对比等修辞手法言说教育实践及其内在机理，从而提升教育实践者对教育的认识和理解，在教育实践中更加智慧地工作与行动。

5 教师研究的思想变迁及模式转化

长期以来，教师研究主要采用的是理论学习、实践验证和经验提升的范式。教师研究课题或项目，多采用专家讲座、理论指导、策略措施、实践检验、效果评估等范式进行，常常依靠专家指导、同行互助或个人反思等方式开展研究。智能时代创立了线上"资源共筹、思想共享、联通活动"的大数据研究范式。这种基于智能技术大数据的研究范式，能够支持教师研究全过程，包括数据采集、证据分析、观点提炼等，从而为教师专业学习和研究提供决策依据，促进了教师研究的科学性、客观性和真实性。智能技术赋予了教师研究思想的新内涵，为教师构建了学习与研究的新的实践环境，促进了教师研究模式的创新和变革。

智能技术能够创设多元异步的专业研究空间，促进非正式研究与正式研究的融合，推动线上、线下与工作现场研究融合的混合式研究模式。智能技术促进了研究模式结构的变革，创建了协作互通的研究氛围，发挥社会的协同力量，促进了研究模式的协同化、专业化和精准化，催生了网络研究、混合式研究、研究共同体、协同研究和数据驱动的精准研究等新的研究模式。这种研究模式，既可以是以学科研究为中心，成为典型的"线上学科教研模式"，线上教研也已经成为教师研究的主流形式之一；还可以是以课题或项目研究为中心，创立主题式、项目化的教育科学研究模式，而这种线上与线下结合的研究范式，也逐渐成为当前教师研究的主要模式之一。

的确智能技术催生了新的教师研究组织样态，如汇聚草根教师的知识与经验的研究共同体、专业研修社区等，为不同学科、学校、区域的教师搭建了沟通协作的桥梁，为教师提供了群智协同、经验汇聚的研究或讨论平台。以大数据、人工智能为代表的智能技术，能够深度揭示教师研究的本质规律，如教师的专业学习规律、知识生成规律、研究发展规律等，这不仅能为教师研究创设灵活开放的资源信息空间，也能为研究问题解决提供合作互助的线上学习与交流场景，更为促进教师理论与实践相结合提供更加畅通有效的教育研究平台。

智能时代技术的应用会更加复杂化和多元化，要求教师在更为复杂的教育情境下完成主题研究任务，这对于教师的研究材料资源筛选提出了更高的要求。教师需要具备智能教育环境下的课题研究设计能力，能够恰当选择、应用智能技术，建立线上研究共同体，创设真正合作协同的研究环境。智能时代的教师研究融合了线上与线下两种方式，这对教师的自主研究能力、自我调节和适应能力等都提出了更高的要求——要求教师能够自主确定和选择自己的研究目标，规划自己的研究途径，主动选择和参与学习社区，反思并调整自己的研究进程。

总之，教师研究是对实践经验的总结与创新，重在教育经验的传播和推广，而发表论文只是研究成果的一种表现形式，不是研究的真正目的。教师不可能像科学家一样做理论研究，但可以从事应用研究和开发研究，力求将最新研究理论成果，迅速转化成为教育实践工作者可以理解应用的、可以表达的教育思想体系，为改进教育教学服务。当然，教师通过研究，参与到教育改革之中，参与到课程改革之中，甚至参与到社会变革之中，从而能够更加深入理解新的教育目标、新的社会期待及新的教育革新。这才是教师参与研究的根本目的，也是教师研究的价值追求。

北京市海淀区教育科学研究院　　吴颖惠

Contents 目录

第六章　教师研究需要怎样的信息素养 ···**88**

第七章　教师怎样选择课题研究方法 ···**101**

CHAPTER 01

第一章　什么是研究型教师

苏联教育学家苏霍姆林斯基（Sukhomlinskii）说过："如果你想让教师的劳动能够给教师一些乐趣，使天天上课不致变成一种枯燥乏味的义务，那你就应当引导每一位教师走上从事研究的这条幸福的道路上来。"

1.1　教师职业演变

唐代韩愈在《师说》中写道："古之学者必有师。师者，所以传道受业解惑也。人非生而知之者，孰能无惑？惑而不从师，其为惑也，终不解矣。""是故弟子不必不如师，师不必贤于弟子，闻道有先后，术业有专攻，如是而已。"

1.1.1　教育，以传递知识为要务

对现代人而言，教育是一种社会现象；教育是一种行业、职业。教育是现代社会公共服务事业的有机组成部分。在原始社会里，教育只是一种社会现象，而这种社会现象普遍存在于自然界之中。比如，在动物世界里，就存在各种各样的教育现象，老鹰教小鹰学习飞翔，老狼教小狼狩猎捕食，老羊教小羊躲避天敌，老鸭教小鸭学习游泳等，都是生物学意义上的教育现象。从这个意义上来讲，教育就是动物种群生存的本能，能够确保生物族群的代代延续，是普遍存在的自然法则。

人类社会比动物世界要错综复杂很多，有相对稳定的族群部落，有更加明确的社会分工，有更为精细的劳动体系，有更为丰富的实践经验，还有更为严密的组织建构，人类社会中的教育形态也是不断发展的。最早的人类教育仍然是一种人与人之间的简单"模仿行为"。这一观点最早来源美国教育心理学家保罗·孟禄（Paul Monroe），他从心理学的观点

出发，根据原始社会没有学校、没有教师、没有教材的史实，判定教育应起源于儿童对成人无意识的模仿。原始社会的教育普遍采用的方法是简单的无意识的模仿。儿童对年长成员的无意识模仿，就是最初的教育形态。

苏联教育学家伊·安·凯洛夫（N.A.Kaiipob）基于马克思和恩格斯的"人类社会起源于劳动"这一理论观点，提出教育起源于劳动，起源于劳动过程中社会生产需要和人的发展需要的辩证统一。进入现代社会后，人类社会分工越来越精细，教育成为一种组织结构完整、体系完善的社会行业，其复杂性、系统性和完整性，显然是简单"人与人"之间的模仿所远远无法涵盖的。

在西方，教育一词源于拉丁文 educare，前缀"e"有"出"的意思，意为"引出"或"导出"，意思就是通过一定的手段，把某种本来潜在于身体和心灵内部的东西引发出来。从词源上说，西方"教育"一词是内发之意，强调教育是一种顺其自然的活动，旨在把自然人所固有的或潜在的素质，自内而外引发出来，使之成为现实的发展状态。

我国教育一词最早见于《孟子·尽心上》："君子有三乐，而王天下不与存焉。父母俱存，兄弟无故，一乐也。仰不愧于天，俯不怍于人，二乐也。得天下英才而教育之，三乐也。"许慎在《说文解字》中解释，"教，上所施，下所效也"；"育，养子使作善也"。"教育"成为常用词，则是在 19 世纪末 20 世纪初的事情。

教育从最初的代际养育现象到自觉社会行为、再到稳定社会职业，经过了漫长发展过程，伴随人类社会发展与进步，逐步完善成熟，成为一种相对稳定的职业体系。但从本质上讲，教育仍然是人类社会"经验和知识"代际传递的过程，肩负有"教人成人""教人成才"的社会任务，要求把新一代培养成未来社会的建设者和接班人。一般而言，教育具有以下含义：

（1）广义的，教育就是增进人们的知识与技能，影响人们思想品德和思维能力的智力活动。

（2）狭义的，教育主要指学校教育，指教育者根据一定的社会或阶级的要求，有目的、有计划、有组织地对受教育者身心施加影响，把他们培养成未来社会所需要的人的智力活动。

（3）一般而言，教育是根据社会未来发展现实需要，遵循年轻一代身心发展的规律，有目的、有计划、有组织、系统地引导受教育者获得知识与技能，培养思想道德、发展智力水平、增长身体健康、提高审美能力、养成劳动习惯的育人活动，以便把受教育者培养成适应未来社会发展需要的建设者和接班人。

简单而言，教育本质就是传递知识与经验。教育是人类为未来生活做准备的一种社会活动，教育需要强迫或引导被教育者接受特定的知识、经验、信息、技能、理论和思想等。但教育的核心仍然是传递人类社会长期积累下来的知识与经验。所谓知识就是人类社会实践活动经验的归纳、概括与总结；知识是理论化、概念化、科学化和系统化的经验与技能系统。

按照现代认知心理学的划分，知识可以划分为陈述性知识和程序性知识，如图 1-1 所示。

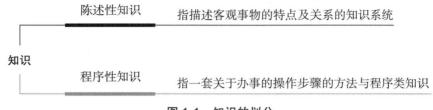

陈述性知识 —— 指描述客观事物的特点及关系的知识系统

知识

程序性知识 —— 指一套关于办事的操作步骤的方法与程序类知识

图 1-1 知识的划分

建国七十多年来，我国教育系统创立独一无二的"双基"知识培养体系，成为中小学教育的核心任务，主张把基础知识与基本技能作为普通中小学核心的教学内容，即为"双基论"。传递"基础知识与基本技能"是基础教育的核心任务。这种教育理论植根于我国中小学教育实践，对我国当代的教育实践产生了深刻的影响。教育就是要传授通过文字来描述和记录的、最基本的陈述性知识，即学科基础知识，同时还要求学生掌握最基本地解决社会生产实践的程序性知识，即基本技能。

教师在传授基本知识与基本技能的基础上，还要开发受教育者的心智、完善人格，培养其实践能力和创造能力。正如蔡元培所言："教育是帮助被教育的人，给他能发展自己的能力，完成他的人格，于人类文化上能尽一分子的责任；不是把被教育的人，造成一种特别器具"。进入现代社会，人们越来越意识到一味注重"双基"的教育，不能完全适应现代人才发展要求，需要在知识传授与技能培养的同时，解放儿童天性，唤醒其自觉学习意识，发展学生的素质和能力。

总之，教育无论是起源于生物界的本能行为，还是起源于人类社会实践，它永远是人与人之间的工作，最简单的"师带徒"的模仿行为，也是两个人之间的事情，或两代人之间的事情。教育就是教育者即教师根据一定的社会要求，有目的、有计划、有组织地对受教育者即学生的身心施加影响的过程。教育是一代人培养另一代人的活动，是教师把学生培养成未来社会需要的人的活动。在任何一项教育活动中，发挥核心主导作用的大多是教师。

1.1.2 教师，以教书育人为天职

教师是以教育为生的职业。教师的称谓很多，最常用的称谓是"老师"和"先生"。其中"老师"这一称谓，原是宋元时对地方小学教师的称谓，后专指学生对教师的尊称。明清时，一般称教师为"先生"。直至 19 世纪末 20 世纪初，我国现代教育奠基人何子渊、丘逢甲等人将西学（美式教育）引入我国，创办新式学校后，便开始在"学生操行规范"里面明确将"教师"定义为"老师"。但绝大部分学生约定俗成地将"先生"改称为"老师"，则是从民国时期开始，并一直沿用至今。对教师这个行业，民间还有许多比喻的称谓，比如，园丁、蜡烛、慈母、春蚕、人类灵魂工程师等，都从不同角度来揭示教师这个职业的本质特征。

早在我国春秋时，就有学在官府，官师合一，所谓"居官之人，亦即教民之人也"⊖。《大戴礼记·保傅》中有"昔者，周成王幼，在襁褓之中，召公为太保，周公为太傅，太公为太师。保，保其身体；傅，傅之德义；师，道之教训。"正是在春秋时，"先生""夫子"等对教师的称谓出现，例如，《管子·弟子职》中说"先生施教，弟子是则。"战国时随着私学的兴盛，出现了凭借自己的知识与技能以教育人为谋生之道的"士"阶层，他们堪称我国第一代教师群体。

孔子创立了有教无类、因材施教、言传身教的教育方式，同时，也创立了"一日为师终身为父"的师生关系。大量儒士成为教师职业最早的群体，他们不仅招收弟子，以重"礼教""儒教"为主要信仰，传儒家"仁义之道"，教授从政为学之业，解人生之困惑。

在传统社会中，"贤师"的标准是非常清晰的：高尚的道德和好的学问。而这一"师道"的维护则有赖于师生双方的共同参与。一方面，师者要自重，加强自身修养和对"道"的践行，另一方面，生者慎择贤师，并敬畏、敬重贤师，形成良好师生关系。所谓"师者，人之模范也"，这是被每位教师内化了的道德观念。人们则需要尊敬这些先生，因为先生是"道"的代表者，他们是"经师"，更是"人师"，承担着弘扬孔孟之道的社会责任，"上致君而下泽民"，具有"为天地立心，为生民立命，为往圣继绝学，为万世开太平"的远大社会理想。

晚清民国时，随着现代国家及国家教育的兴起，传统社会中以天下为己任的"儒士"逐渐过渡到现代职业教师。国家对教师赋予了培养人才和教育国民的双重任务，教师承担着"启蒙者"的社会责任，试图通过教育以开民智、兴中华。国家举办新学以培养人才，并大力举办师范学校。早在1896年盛宣怀在上海创办南洋公学时，即设立师范院以培养各级教师。张謇也于1902年创办通州师范学校。1904年《奏定学堂章程》的实施，意味着国家开始着手建立现代教师培养体制。随着学校体制的逐渐完备，以及教师培训、考评、资格检定体系的建立等，以从事教学为生的职业人开始出现，而传统"师道尊严"逐渐被世俗化社会所需要的教师职业所取代，我国教师群体开始从神坛走向大众化。

实际上，晚清学堂将教师由"先生"改称为"教员"时，就意味着原来蕴含在"先生"一词中的众多固有意义已开始逝去。但"教员"，则意味着只是在学校中从事教学的专门人员。他们受过教师资格鉴定及教学法训练，而学生也不再像过去那样在家中或家附近的祠堂中上学。教员与学生之间的连接有赖于学校制度所构建出来的契约关系，学生可以通过学习多种科目接触多位教员。

新式学校中，学生要受到严格的规章制度约束。例如，学生一般要缴纳学费，教学实行班级授课制，全班有统一的教学进度，用铃声区分不同课程时间，教师分不同课程进行教学。教师需要按照法律法规和行业规范，在规定的时间节点内，根据学校设施条件和个人职称专业，安排学生入座、发放学习资料、备课授课、批改作业、引导学生学习、组织

⊖ 孟宪承，等.中国古代教育史资料[M].上海：华东师范大学出版社，2010.

听课练习，组织考试、传授科学文化基本知识，开展主持学术交流、提高学生的观察学习、记忆认知、动手沟通、操作等综合实践能力，培养学生特长，促进德智体美劳全面发展，掌握经验技术。

这样，传统社会中的师生关系被彻底改变，教师这个职业开始正式出现。在现代学校教育体制下，教师成为在国家、学校组织中的职业人群，其职业身份得到全社会的广泛认同。教师这个职业最本质的特征，是根据学生的发展实际及教育目标要求，在特定的环境中采用特定的教学方法，向学生传递学科知识与技能，培养学生的素质和能力，促进学生思想提升和文化成长。

1.2　教师专业发展

1949 年 11 月 1 日，中华人民共和国中央人民政府教育部成立，明确提出新中国的教育要为人民服务，教师则成为"人民教师"。新中国设立的是"单位制度"，通过单位进行资源统一分配，确保了单位内部物资供应的稳定及工作稳定，给教师赋予国家干部的制度性身份，要求教师做到"又红又专"。所谓的"红"，是指有道德品质和政治素质；"专"，是指有专业知识和专业能力。教师专业发展，就是教师为了实现自我和学生的发展，而不断提升自身的专业知识、专业技能、专业态度、专业情感和专业意念的行动。2012 年，我国教育部印发了《小学教师专业标准（试行）》《中学教师专业标准（试行）》，形成通用的中小学教师专业发展标准。

1.2.1　教师专业自主权

专业化包括职业的专业发展和专业权利两部分。专业发展是指教师职业能力的不断发展与提升的过程。专业权利是教师专业化不可或缺的构成内容。早在 20 世纪 80 年代国际上就开始了向教师赋权的教育改革运动，即让教师在各自工作中拥有更多的自主权，确保教师拥有专业地位和专业权利，具备从事教育教学工作的专业能力，以此来提高教育教学质量。

北京师范大学教授劳凯声认为，教师专业化不仅意味着教师应当具有专门的系统的教育知识、技能和能力，而且具有保证该专业活动顺利进行所必须的专业自主权。他从教师的专业地位出发，将教师专业化分解成"教师的专业自主权"和"教师的专业知识能力水平"。2017 年世界教师日，时任联合国教科文组织总干事伊琳娜·博科娃（Irina Bokova）等呼吁"携起手来，赋予教师自由教学的权利"[⊖]。国内外教育理论研究和教育改革实践表明，教师专业化包括专业素养和专业权利双重含义。

⊖　联合国.世界教师日：联合国倡导"增强教师权能　促进教学自由" [OL] 联合国新闻，[2017-10-5].https：//news.ua.org/zh/story/2017/10/283502.

我国 2009 年修正的《中华人民共和国教师法》就明确规定教师享有下列权利：进行教育教学活动，开展教育教学改革和实验；从事科学研究、学术交流，参加专业的学术团体，在学术活动中充分发表意见；指导学生的学习和发展，评定学生的品行和学业成绩。《中华人民共和国教师法》对教师权利之规定，意在保障教师在开展教育教学活动时有足够的专业自主权，以防非专业人员对教育教学活动的干扰。

教师作为专业人员，应该在自己专业领域享有发言权和决断权。教师在图 1-2 所示的领域，应该有不被侵犯的专业教育权力。教师专业自主权不应被学校行政管理权的扩展而削弱。教师是教学活动的组织者、引导者和执行者，教师的专业化水平对把控教育教学质量具有关键的影响作用。教师的专业化发展是一个长期的、持续不断的过程，在社会发展的不同阶段，其内涵和外延也有不同定义。在现代社会里，发展学生的核心素养已经成了各国教育的共识，这就要求教师也必须具备发展学生核心素养的基本能力和素养，不断提高自身学识和能力，逐步走向以素养为核心的教师专业发展模式。

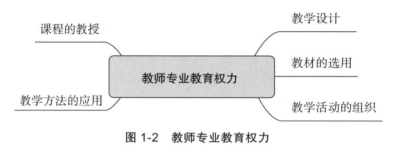

图 1-2　教师专业教育权力

1.2.2　教师专业知识

教师专业知识包括专业学科知识、教育学知识、心理学知识和社会文化知识等不同领域。其中，专业学科知识是教师的立身之本，教师需要具备深厚渊博而又融会贯通的专业学科知识体系，这是教师从事职业活动的核心；教育学和心理学知识则是教师开展职业活动的关联知识体系，是帮助教师组织开展教育的理论依据，可帮助教师把握教育规律，科学有效开展教学活动；社会文化知识则是指教师在教育实践过程中，需要处理师生关系、家校社关系、同事关系等所必须具备的思想文化知识体系。

知识是一个人的能力和素养的重要载体。教师在教育实践过程中，将自身知识体系应用到教育实践过程中，逐渐形成自己独有的实践知识体系和教育教学风格。教学的过程是教师选择知识、组织知识、传授知识。教师要制定教学计划、组织教学活动、营造学习环境，引导学生学习知识、掌握并理解知识，如图 1-3 所示。

知识结构是教师专业素养的核心内容。关于知识研究，将知识分为显性知识和缄默知识，如图 1-4 所示。对教师职业而言，显性知识就是学科知识体系，就是可以记录、描述、系统表述的知识体系；而缄默知识则是教育学、心理学和社会文化知识等实践知识体系，代表教师对教育思想、观念、价值观和教育规律的理解和认知。

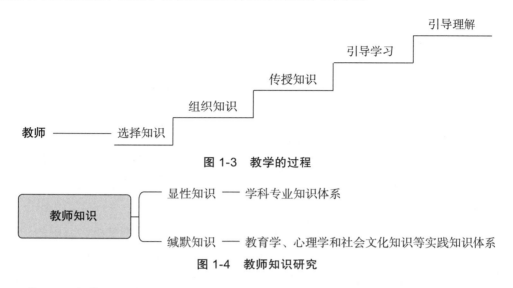

图 1-3 教学的过程

图 1-4 教师知识研究

20 世纪 70 年代，国内外学者开始研究教师知识体系，提出"教师知识"的概念。

20 世纪 90 年代，教师知识的研究进一步深化，美国教育学教授格罗斯曼（Grossman）在美国当代著名教育家舒尔曼（Shulman）的基础上，提出了教师知识的五个方面，如图 1-5 所示。

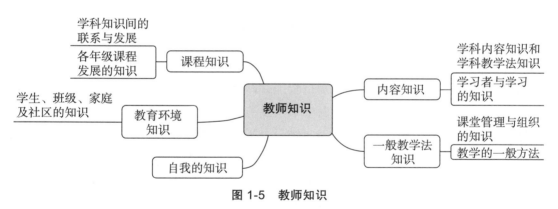

图 1-5 教师知识

随着教师知识研究的不断深入，学者定义的教师知识并不是一成不变的，而是随着教师自身的知识重组、知识建构以及实践过程不断发展变化的，由此学界掀起了对教师实践性知识研究的热潮。我国对教师知识的研究开始较晚。北京师范大学教授林崇德认为，教师的实践性知识是指教师在面临实现有目的的行为中所具有的课堂情景知识以及与之相关的知识。更具体地说，这种知识是教师教学经验的积累，主要包括课堂情景知识和与之相关的知识。北京大学教授陈向明认为，教师知识结构应包括理论性知识和实践性知识，其中教师实践性知识包括教师的教育信念、自我知识、人际知识、情境知识、策略性知识和批判反思知识；实践性知识是教师真正信奉的，并在其教育教学实践中实际使用和（或）表现出来的对教育教学的认识。

首都师范大学王陆教授团队，从 2016 年开始，在北京市海淀区开展长达 5 年的"大数据教师研修学习社区的靠谱 COP 项目"基础上，提出了教师实践性知识体系结构，探究了优秀教师群体的实践性知识结构，发现实践性知识最主要的成分是由策略知识、教育信念和自我知识组成。王陆认为教师实践性知识包括两部分：一是"是什么"的知识，这类知识是成为教师的基础，包括受教育者的知识以及教育内容和途径的知识，总体来说这类知识的内容较为固定，具有普适性；二是"怎么做"的知识，这类知识是如何当好一位教师的知识，指向了教师的实践和行为，这种知识以第一种知识为基础，具有动态生成性、内隐性和缄默性的特征，可以影响教师在教育生态环境中的言行举止，包括教育信念、自我知识、人际知识、策略性知识、情境知识和反思知识，具有明显的个性化特征，在教师知识的构成中起着举足轻重的作用。

在未来的人工智能和大数据时代，每位教师原有的知识体系都是极为有限的。受其本人的学习能力、时间精力、认知结构、社会价值等多种因素影响，其所拥有的知识储备量是十分有限的，难以满足现实中教育教学实践发展的需要，需要不断丰富和重建自己的知识体系，特别是学科类知识体系、教育学知识体系、心理学知识体系和社会文化知识体系等，都需要以"立德树人"为核心，以学科教学为主线，不断拓展自己的知识结构，并且这种知识结构拓展是一个需要终生持续更新、不断重建的过程。

1.2.3　教师专业能力

传统意义上的教师专业能力，包括课堂教学能力、沟通合作能力、教学反思能力和教育研究能力等。其中，课堂教学能力是指教师在课堂教学中所需语言表达和神态动作等外显行为能力，也包括课堂教学组织、洞察学生反应和教学设计等隐性能力；沟通合作能力主要是指教师与家长、学生和同事的沟通能力；教学反思能力和教育研究能力是指教师的实践反思和总结、自我学习和业务上的钻研、教学设计等方面的能力。

随着现代教育的改革与发展，教师专业能力的内涵和外延也在不断丰富和拓展。作为一个独立个体，教师具有从智力因素和非智力因素两个方面来分析的基本能力。智力因素包括注意力、观察力、记忆力、思维能力和想象力等，这是从事教育活动所必需的能力；非智力因素包括态度、情感和价值观等方面。除了基本能力以外，中小学教师还应该具有专业能力，这些是从事教育活动所必须具备的职业能力，一般包括六方面的能力，如图 1-6 所示。

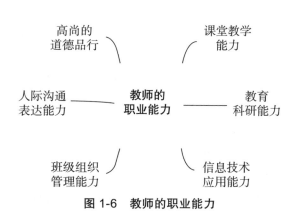

图 1-6　教师的职业能力

（1）**高尚的道德品行**。教师承担着教书育人的重任，是人类灵魂的工程师。教师首先要弘扬爱国主义精神、热爱祖国、奋发图强，这样才能够对学生进行世界观、人生观和价值观的正确教育。教师作为一个"育人"的职业人，必须具有远大的理想，宏伟的志向，高尚的情操，要在向学生传播文化科学知识的同时，教育学生如何做人，做一个有理想的人。

（2）**人际沟通表达能力**。教师要善于建立融洽的师生关系，善于与学生交往、与家长交往、与同事交往等，在较短的时间内成为学生信赖的人。教师要富于启发性、有感染力，掌握对话的语言艺术，在对话中善于鼓励学生动脑思考，勇于发表个人意见，进而形成生动、幽默的语言风格；善于利用非语言的交流手段，增强沟通表达效果。

（3）**班级组织管理能力**。教师在教育过程中起主导作用，对学生来说是领导者、组织管理者，必须具有相应的领导能力和组织管理能力。对于班级组织管理，教师同样起着关键作用，要善于组织管理班级，形成班集体的核心；树立正确舆论，培养优良班风，充分发挥班集体的自我教育作用；寓教于管，使学生在团结友爱、积极上进的集体中健康成长。

（4）**课堂教学能力**。教学能力是教师各项专业能力的重中之重，包括教学设计能力、语言表达能力、教学组织能力和教学评价能力。在课堂上教学主要是靠语言来进行传播信息的，教师的语言不仅要力求精准、清晰，做到科学、形象、生动活泼等；还要有独到的见解，也就是有创新。另外，教师对课堂要有一定的管理能力。较强的教学能力包括良好的语言表达能力、较好的创新能力、较强的教学设计能力和教学组织实施能力。

（5）**教育科研能力**。教育科研能力是指教师研究教育教学的能力，包括教研能力和科研能力，表现在教学分析、教育反思和教育科研课题研究等方面。教师从实际工作经验中总结现象并提出问题，形成研究课题；在教育教学过程中，进行实验研究、验证研究、行动研究和经验研究，通过对实际情况的观察和分析，积累第一手资料，从中进行逻辑推理，求得对教育教学规律的再认识、再提升，逐渐形成科学的教育教学研究能力。

（6）**信息技术应用能力**。信息化应用能力是指在信息化社会，教师运用信息化手段开展教育教学和研究的能力。教师要了解互联网、大数据和人工智能等基本知识，能够顺利开展"互联网＋教育""人工智能＋教育"，积极探索线上与线下融合教育，能够较熟练使用各种文本、音频、视频等资源制作教学应用软件，具有运用现代教育技术手段开展教学设计和实施的基本能力。

总之，国内外关于教师素质的研究表明，教师专业能力是教师专业素质的重要内容，是影响教育教学效果的决定因素。进入 21 世纪，教育改革对教师素质提出了更高的要求，要求教师不仅要有良好的师德，广博的专业知识和较强的学习能力，而且应具有探索研究掌握现代教育理念，把握教学规律，具备熟练的业务能力，还必须具有良好的心理素质和自我调节和自我完善的能力。当然，教师专业能力各个方面都是彼此联系、相互促进的，不是各自独立存在，而是一个有机统一体，往往在一位优秀教师身上得到完美体现，形成作为职业教师的综合能力和综合素质。

1.2.4 教师专业素养

素养是指由训练和实践而获得的一种道德修养。人类的心理和生理特征形成了素养，素养代表了人类的基本品质。每个人的素养各有不相同。人的基本素养，往往在待人接物、一言一行、社会生活和职业工作中得到综合体现。素养代表个体的个人修养、教育程度和社会品位等。人的专业素养则与职业有关，表现为学识内涵、品德修为和职业能力等。教师专业素养就是专业理念、专业知识和专业能力的综合体现。2012 年，我国教育部印发的《小学教师专业标准（试行）》《中学教师专业标准（试行）》明确提出教师专业发展的内容，主张应该从学生发展与接受教育的角度，来构建教师的专业能力和专业素质结构。教师专业素养通常是为学生发展服务的能力和水平。

英国社会学家埃里克·霍伊尔（Eric Hoyle）教授，在 1980 年曾经列出"专业"的 10 项准则：不可或缺的社会功能、专门特有的知识技术、变幻不定的工作要求、全面结实的知识系统、长期系统的学习培训、深度熏陶的专业文化、核心价值的内部操守、因应情景的自主判断、备受尊重的专业团体、颇为不俗的声誉和报酬 ⊖。

来自中国香港大学的程介明教授，提出教师作为专业的教育工作者，应该具备以下五个方面的素养和活动介入：一是专业良心，教师的全部工作，都是为了学生，为了学生的未来，给学生的生命赋予意义，这也是教师专业的核心价值。二是专业知识，对教育而言，是教育专业知识，不具备这些就难以完成教师的工作。三是专业自主，教师必须有因事制宜、因材施教的灵活空间，充分发挥每一位教师的专业知识、专业经验、专业判断。四是专业操守，由于教师的工作，具有很大的自主空间，因此教师必须保持应有的操守和职业守则。五是专业组织，比如加入教育学会、教科研组织等 ⊜。

当前关于教师专业素养研究一直是热点问题，具体来说有"三分法""四分法"和"五分法"之说。

1 教师素养"三分法"

教师素养"三分法"，如图 1-7 所示。教育理念是指教师的教育观念和理性理念；知识结构是指教师对相关学科知识与技能的了解程度、对教育学和心理学等工具性学科的通晓程度和对专门性学科内容的掌握程度；能力结构是指教师的交流能力、管理能力和教育研究能力。

⊖ 程介明. 教研：中国教育的宝藏 [J]. 华东师范大学学报（教育科学版）：2021（5）：5-15.

⊜ 程介明. 教研：中国教育的宝藏 [J]. 华东师范大学学报（教育科学版）：2021（5）：5-15.

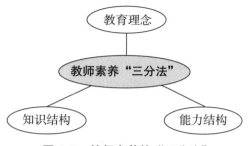

图 1-7 教师素养的"三分法"

2 教师素养"四分法"

教师素养"四分法",如图 1-8 所示。职业道德是教师素养的核心内容,是影响教师素养发展的关键因素;知识基础是教师素养的基础水平;教学能力是指教师的表达能力、科研能力和创新能力;身心素质是指教师的个人品格、个人素质、为人处世的态度。

图 1-8 教师素养"四分法"

3 教师素养"五分法"

教师素养"五分法",如图 1-9 所示。身心素质是指教师的个性品质;品格素质是指教师的人格品质;观念素质是指教师的教学观念和教育观念;知识素质是指教师的基础知识水平和专业知识水平;能力素质是指教师的教学能力、沟通能力和管理能力。

图 1-9 教师素养"五分法"

进入新时代,尤其强调教师的职业道德,包括教育情怀、道德修养和人格品质。教师职业道德代表了教师的道德规范和道德观念,是教师从事教育教学活动的基本原则,集中体现在教师的思想、情感、意志和行为上。教育情怀是指对教师从事本职工作的品德要求,要求教师爱岗敬业、关爱学生、工作热情高、积极性强,并具有奉献精神;道德修养是指对教师作为社会普通公民的品德要求，要求教师具有正确的价值观、较高的思想政治觉悟、遵纪守法、身心健康、有爱心和责任心；人格品质是指教师无论是从事本职工作还是作为行为个体所需要的内在品质，要求教师有上进心、有毅力、有耐心、自我约束能力强，具有较强的自信心和个人魅力，这是教师提高专业化水平的关键品质。

1.3　研究型教师

"教师即研究者"最早由英国课程理论家劳伦斯·斯滕豪斯（Lawrence Stenhouse）于20世纪60年代提出。半个多世纪以来，这个观点逐渐深入人心，教师从"教书匠"到"研究者"的转型，已成为社会共识。斯滕豪斯认为理想的教育科学应把课堂当作实验室，把教师视为研究者。教师只有在研究环境中通过客观、系统地观察自身与他人的教学实践，才能更好地理解课堂教学乃至改善教育实践。

研究型教师是教师专业发展的最高阶段，教师从一个教学新手，逐渐成为教学能手、教育专家，最后才能够成为具有理性思考能力的研究型教师，即学术性教师。当前基础教育领域，每年都要评选出一批正高级教师，即具有正高级职称的优秀教师。这些正高级教师大多数是研究型教师的典型代表。

所谓研究型教师是指在拥有渊博学科知识和娴熟教学技能的基础上，能够熟练掌握和运用教育学、心理学的基本知识与技能，形成独特的教学理念和教育风格，具有积极主动从事教育教学实践研究的意识与能力，乐于在教育实践中不断探索教育规律、改革教育方法，并能灵活运用先进的教育思想理念指导实践，开展教育科学研究，形成教育改革思路、策略和模式，不断总结提炼教育研究成果，促进自身专业水平不断提升的优秀教师。

研究型教师需具备的核心特质是：深厚的理论素养、丰富的专业知识和较强的研究能力。研究型教师能够自觉运用先进的教育理论思想指导实践，始终带着敏锐的研究意识，在教育实践中发现问题、分析问题、解决问题，具有较强的教育反思能力和实践改进的行动能力。

一般而言，研究型教师具有如图1-10所示典型的行为特征。

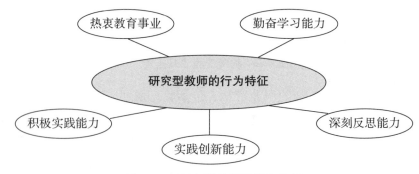

图1-10　研究型教师的行为特征

（1）**热衷教育事业**。研究型教师具有高度的责任心和使命感，敏锐的时代意识，能够跟随时代的步伐；具有执着的事业心，能够将社会需要与个人发展有机融为一体；具有自觉的教育价值追求；具有坚定的教育信念，坚信教育对社会、人生和未来的重要贡献，形成深厚职业情感和坚实的专业精神，使其能够不断自我激励、自我完善并自我超越。能够凭着他的学识和个人的精神魅力去面对学生，感召学生，唤醒学生，以持续的、积极的、向上的态度呵护教育的荣誉，追求职业的幸福。

（2）**积极实践能力**。研究型教师具有较强的问题意识和敏锐的捕捉问题能力。听一次报告、看一本书或与同行交流都能使他们与现有工作和研究产生联结，并发现问题、提出问题。在解决问题的过程中，达到循环往复的提升自我和自我发展。能够从已有的研究成果中汲取营养，借鉴并模仿，从而完善自己的实践。在教育理论与实践的互动过程中，提升对教育教学规律的认识和运用，构建自身发展的教育实践体系。

（3）**勤奋学习能力**。研究型教师是终身学习的典范，学习教育科学理论，掌握教育最新思想和尊重教育规律，他们能够时时处处而学，向实践学、向周边人学。能够置身于充满变化的富有意义的教育实践情景中，善于接受新思想，积极学习教育改革背景下的教育理念、课程理论思想。能够观察分析和研究学生、研究教材、研究课程，探索教育规律，创新教学方法。在经验积累与分享过程中不断学习、不断进步。他们热爱阅读、勤于笔耕、学而不厌和诲人不倦，把学习变成一种自觉行为和工作习惯。

（4）**深刻反思能力**。研究型教师善于从经验反思中吸取教益，改进教育行为。反思有利于教师的自我激励与提高，是教师专业发展的起点。他们在与专家、同行的交流活动中，在各类校本研修活动中，敢于亮出自己的观点，敢于争辩，敢于碰撞，不人云亦云，能够时时反思，在教学反思中彰显自己的个性，反思自己在教学上的问题，善于积累总结，善于分析研究。反思是教师能否成功的关键，是区别"教书匠"和"思想型教师"的分水岭。

（5）**实践创新能力**。未来社会是个变幻莫测的社会，一切皆有可能。教师身处其中应当学会审时度势、积极回应、积极变革。研究型教师在不断与环境互动的过程中，学习、思考、行动着，他们审视和选择专业发展目标，更新和调整自身的教育经验，不断完善专业知识结构，提高自身发现问题的敏锐性，提高解决现实问题的能力，激发创造性，从而不断丰富自我、升华自我。他们努力践行"知行合一"，自觉反思和改进教育实践。

总之，研究型教师，是对传统的教师传道授业解惑的文化传承角色概念的跃迁，是对教师职业的回归，回归到传统的师生关系，回归到因材施教、言传身教和教书育人上，是对教师本职工作的强调。"教师即研究者"意味着我们认可了教师的职业生活是教育和研究的辩证统一，教师从事教育实践的过程也是他从事教育研究的过程。研究型教师，既是教育理论的探索者，又是教育工作的实践者；是具有创造能力的实践者，更是具有反思能力的实践者。

CHAPTER 02

第二章 教师为什么需要研究

2018 年印发的《中共中央国务院关于全面深化新时代教师队伍建设改革的意见》中指出："教师承担着传播知识、传播思想、传播真理的历史使命，肩负着塑造灵魂、塑造生命、塑造人的时代重任，是教育发展的第一资源，是国家富强、民族振兴、人民幸福的重要基石。到 2035 年，教师综合素质、专业化水平和创新能力大幅提升，培养造就数以百万计的骨干教师、数以十万计的卓越教师、数以万计的教育家型教师。"教师是教育教学工作的直接承担者，是教育改革与发展的真正推动者。教师以其广阔的教育情怀、高尚的师德水平、深厚的专业素养、强大的教育能力等，深刻影响着学生的全面发展，也影响着祖国的未来。

2.1 研究点燃教育改革星星之火

人类进入信息化社会，相对于工业、农业社会而言，对教育需求发生深刻的变化。自 20 世纪 80 年代以来，国内外教育似乎处于急剧发展变革之中。新的教育思想或理念不断涌现，像认知心理学、建构主义、学习科学、脑科学、智慧教育等，纷纷成为教育改革的理论基础或指导思想，引发了一场又一场的教育变革。"多样性""个性化""现代化""民主化""自主探究""对话合作""合作协商""互联网教育"等概念，风靡于中小学教育实践，逐渐融入基础教育改革的主流话语体系。

2.1.1 教育在改革中静悄悄地发展

我国的教育传统，有着悠久的历史，有很多优秀的教育教学思想，比如，中国传统文化中"好学乐学""勤奋刻苦""慎思明辨"的学习思想；"因材施教""不愤不启，不悱不发"的教学思想；"尊师重教""师道尊严"的教育思想等，都还在新时代教育中闪烁着光辉。但是教育不是墨守成规、一成不变的。教育必须随着社会经济的发展而不断改革。从某种意义上说，教育发展就是在不断吸收、调整、整合中逐步变革的。

当然，在社会现实中，人们对现有教育政策和体系，总会有感到不满意的地方。教育行业存在"唯分数""唯升学"的弊端，课内学习负担过重。学校教育有些脱离社会实践，难以满足未来社会发展对各级各类人才的迫切需求。有家长抱怨教育、指责学校。有学生学习乐趣不足，学习方式单一枯燥。这些教育问题，导致教育发展与社会需求之间矛盾冲突加剧，迫切需要加快教育改革的步伐。

近 20 多年来，我国基础教育政策层出不穷，教育改革风起云涌。人们在一轮又一轮否定之否定中寻求教育创新，以求今日学校异于昨日学校，使得教育做到"苟日新，日日新，又日新"。在我国当今社会经济发展过程中，"改革"这个词成为"褒义词"，所谓以"以改革促发展""向改革要质量、要效益"等。教育自然也不例外，向教育改革要质量，也成为新时代教育的核心话题。

教育是社会经济的有机组成部分。任何一项教育改革都与当时的社会经济政策紧密相关。"公平"是现代社会公共政策的核心，教育是社会公平的"试金石"，教育公平直接涉及社会公平。以公平为导向的优质教育均衡发展、教育资源公平配置、公办私立学校同权发展等改革，都涉及教育公平理念的科学落实，成为教育改革风向标。教育改革最终目的永远是以学生发展为核心的，只有为不同需要和能力水平的学生提供最适合的教育环境和学习资源，教育才算真正面向了全体学生。这样的教育改革才能实现真正意义上的教育公平。

我国从 2001 开始的基础教育第八轮课程改革，是一项涉及教育目标、教育内容、教育实施以及教育评价的全面改革。这轮改革既表明要从政策角度克服应试教育倾向，走向全面实施素质教育的思想目标，也表明国家基础教育改革的全面推进。这项声势浩大、影响深远的课程改革，在教育思想理念和方式等方面，都取得丰硕的改革成果。一些新的教育教学方式已经成为常态，探究性学习和研究型学习思想得到广泛推广，但是应试教育的思想并没有彻底改变，反而导致学生学习负担加重了，严重影响学生身心发展。这就引发了以立德树人、全面发展为目标的新一轮教育改革。

2021 年 7 月，中共中央办公厅、国务院办公厅印发《关于进一步减轻义务教育阶段学生作业负担和校外培训负担的意见》，标志基础教育政策的全面调整，也表明新一轮教育改革的全面展开。教育系统要集中精力解决我国基础教育阶段存在短视化、功利性等问题。一方面是学生作业负担过重，作业管理不够完善；另一方面是校外培训过热，存在超前超标培训问题，对冲了教育改革发展成果，社会对此有较大的反响。党中央对此高度重视，站在实现中华民族伟大复兴的战略高度，对"双减"工作做出了重要决策部署，要求从政治高度来认识和对待，从体制机制入手深化改革，全面贯彻党的教育方针，落实立德树人根本任务，促进学生全面发展和健康成长。

教育改革是国家根据时代发展要求和未来人才需求所做出的教育公共政策调整，涉及千家万户，同时也涉及社会利益的重新分配。教育改革是一个不断发展的过程，是一个需要从实践到理论再实践的螺旋上升过程；教育改革永远不会停止，教育就是在不断调整和变革中发展的。从未来社会对人才需求来看，现行教育政策、教育目标、课程计划，仍然表现出其时代的局限性，仍然需要对现有教育模式进行怀疑、批判和改革，提出新的教育思想、主张，制定新的教育改革蓝图。

教师作为教育改革的实施者，必须科学选择教育改革的措施与方法。任何一项教育改革必须要充分调动教师参与的积极性和主动性。只有教师意识到自己所肩负的教育改革重任，才能够真正理解改革政策设计，尊重政策的权威性，积极参与到改革实践之中，探究经验，积累成果。

教育改革与教师工作状态紧密相关。任何一项教育改革，如果只有教育行政部门有积极性而没有广大教师积极参与，教育改革往往是会流于形式。教育改革大多推动力来自教师的自觉实践。这就需要教师潜下心来思考，不要盲动冲动；需要教师定下心来工作，不要激进冒进；需要教师沉下心来研究，克服浮躁与功利。教师必须在改革过程中，把握好目标、条件、能力与节奏，有条不紊地扎实推进教育改革，积累成功经验，形成典型案例。只有这样，教育改革才能够深入推进下去。

2.1.2　改革在教师研究中稳步推进

百年大计，教育为本。教育是民族振兴、社会进步的基石，是提高国民素质，促进人的全面发展的根本途径。任何一项教育改革的成效都要体现在学校教育发展上，教师是教育改革的主体力量。只有充分调动教师参与改革、投身改革的热情，才能真正办好"让人民满意的教育"。

我国源于1994年3月的《教学成果奖励条例》，其中就特别设立面向中小学的基础教育成果奖项。根据这一条例，各省（市、自治区）人民政府需要组织四年一届的教学成果评奖。这是针对中小学教师设立的最高级别的业务类奖项，要求参评成果必须围绕解决基础教育教学过程中的实际问题，创造性地提出科学的思路、方法和措施。始于20世纪70年代的北京马芯兰等的"马芯兰数学教学法"和江苏南通李吉林的"情境教育实践探索与理论研究"、始于20世纪80年代的江苏常州邱学华等的"尝试教学法的实践与推广应用"和上海闸北八中刘京海等的"成功教育探索初中成功路径"、始于20世纪90年代的华东师范大学叶澜等的"'新基础教育'学校教学改革研究"、清华大学附小窦桂梅等的"小学语文主题教学实践研究"和浙江宁海潘永杰等的"小学'童声作文'教学的研究与实践"等，都获得了2014年国家级教学成果奖，从中可以看出我国政府对中小学教师参与教育改革的鼓励和肯定。

　　进入 21 世纪 20 年代，我国教育改革政策出台频繁，大多数教育政策出台后，多采用建立实验区或实验校的方式。比如，普通高中阶段新课程新教材实验，教育部就采用从 2020 年开始在全国建立 32 个普通高中新课程新教材实施国家级示范区和 96 所国家级示范校的推进方式；就基础教育高质量教育发展，2021 年教育部部署建立 12 个基础教育综合改革实验区。以实验区或实验项目的方式，进一步探索深化综合改革，促进学前教育普及普惠安全优质发展、义务教育优质均衡发展和普通高中多样化有特色发展，全面提高基础教育质量。在中小学智慧教育建设中，2019—2020 年教育部建立了 20 个示范区，不断深化教育信息化与教育教学应用，发挥实验区的示范引领作用。

　　以上政策充分表明，在我国各项教育政策执行过程中，对来自中小学一线教育改革经验的充分尊重和高度重视。教育需要不断改革、不断创新。任何一项教育改革，无论是自上而下的，还是自下而上的，都离不开教师的积极参与，因为教师在参与中可以贡献如图 2-1 所示力量，没有教师积极参与的教育改革，都不可能取得圆满成功，也不可能达到以改革促进发展的根本目的。教师要将任何一项教育改革政策或思想，付诸实践，对教育内容、方法、方式、手段等进行深入探索，对教育模式与体系进行调整和发展等。教师是教育改革的执行者。因此，必须高度重视教师作为参与教育改革的认同感、满意度及获得感。

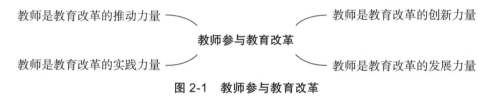

图 2-1　教师参与教育改革

　　（1）**教师是教育改革的推动力量。**教师的主体意识越凸显，其参与教育改革的自觉性就越大，教改的成效就会越好。近年来，国家多次出台义务教育管理政策，包括育人目标、课程标准、教育方式、办学条件、信息化发展水平和教育考试评价等，出台了相关管理政策，并提出了严格规定和要求。比如，要求全国统一课程标准等。众所周知，当前我国义务教育阶段尚未完全实现优质均衡发展，区域之间、学校之间的差异还明显存在，究其主要原因还是在于教师在教育思想理念、方式方法、能力水平等方面存在差异，而这种差异会影响各个地区、各个学校推进教育政策的落实力度，也影响学校的发展质量和水平。有些教师思想保守、墨守成规、照本宣科，参与教育改革主动性和积极性不高，影响了各项教育改革的推进效果。如果教师参与教育改革的动力不足，其改革方案设计得再完善，也很难取得预期成效。

　　（2）**教师是教育改革的实践力量。**任何一项教育改革都会从惠及学生发展出发，起源于思想理念、课程内容变革，但最终必然会走向实施策略和方式方法的改革。比如，发展素质教育、倡导探究式学习、实施综合实践活动、开展综合素质评价等改革，都是从思想到实践全面改革。教师作为教育实践工作者，肩负推动教育实践变革的责任与使命。任何一项现代教育思想理念要真正发挥作用，要在教育实践中真正落地生根，都要靠教师的亲自实践，需要教师不断分析教育教学中存在的实际问题，以课题或项目研究的方式，深入总结经过实践检验的教育理念、教学方式和关键举措，发挥教学思想对教育教学的指导作用。这样才能从根本上推进教育改革，实现教育政策思想的落地生根。

（3）教师是教育改革的创新力量。2014年我国启动新高考改革，除统一高考招生以外，还将高中学业水平考试、综合素质评价等纳入高校录取体系，这就引发高中选课制度的建立，要求逐步建立起"前瞻性、贯通式、跨学科、开放性"的课程体系，满足学生不断发展的新需求。这是一项影响深远的教育改革，几乎动摇了基础教育的制度体系和课程体系。而这项深刻的教育改革，仍然需要教师积极实践、主动探索。教师需要致力于学校特色课程建设、课堂教学质量提升、教育教学方式创新、高质量作业设计、教学考试评价等方面改革。而在这些方面，教师显然具有更大的发言权，也理所当然的拥有更大的主动权。课程实施要靠教师，只有教师深刻领会了新高考新课改的精神要求，才能科学实施新高考新教学，才能从根本上满足"促进学生全面而有个性化的发展"的改革要求；否则，新高考新课改都可能会被流于形式。因此，必须高度重视和关注教师的探索精神和创新能力。

（4）教师是教育改革的发展力量。教育要发展，关键在教师。地区之间的教育差异、学校之间的差异，从根本上讲，往往都是教师队伍之间的差距。优秀的教师队伍，必然带来优质的教育，这是一个不争的事实。在现实中，学校教育中存在种种问题、怪象或矛盾，有些与教师教育行为不当有关。教育行为背后可能是教师的教育思想或理念认识方面的问题，实质上也是教师参与教育研究、主动变革不足等问题。教师只有在不断研究教育、研究教学的过程中，才能够真实感受到新的教育理念与方法的优势，才能够不断激发参与教育教学变革的积极性和主动性。只有教师能够主动变革、研究教育教学，形成科学的教育教学行为，那么教育质量和水平就会自然而然地不断提高。因此，教师需要以研究态度和探索精神，参与到教育改革之中去，去实践并推动教育教学改革。教师参与教育教学改革，既是教育事业发展的现实需要，也是建立高质量教育体系的必然要求。

2.2　研究赋予教师职业理性之光

教师研究是一种文化形态，体现对教师专业工作的尊重，对教师参与研究的重视。教师研究的主要形态，是对实践中的经验总结与创新，重在教育经验的观摩、传播和推广。而发表论文只是研究成果的一种表现形式，不是研究的最终目的。教师研究与科学家做深入的学习科学理论研究有所区别，但可以进行应用研究，把学习科学最新研究理论成果迅速转化成为教师可以理解的、可以应用的、可以表达的教育思想体系，为教师改进教育教学服务。教师通过研究，参与到课程改革之中，参与教育改革之中，甚至参与到社会变革之中，让教师更深入了解新的教育目标、新的社会期待，以及新的教育革新与发展。

当然，归根结底，教师研究就是研究教师如何教得好、研究学生如何学得好。研究如何把学习主动权归还给学生，研究如何增加学生学习的主动性，研究如何增加学生学习的可选择性，研究如何促进学生自觉学习、自选学习的空间，研究学生自主学习、自觉学习的可能性等。这才是教师参与研究的根本目的，也是研究的重要领域所在。

2.2.1　教师在工作中研究

自古以来，教师就是知识分子的职业，属于脑力劳动者，而非体力劳动者。从表面上看，教师是人类知识和经验的传递者。工作内容具有简单性、重复性、经验性等特征，但实质上，教师承担着代际间的思想交流、知识传递、精神成长、文化培育和价值观传承。教育教学是一项复杂的育人工程，而教师职业是一项需要体力和智力大量付出的艰辛职业。

进入现代社会，教育分化越来越细致。学校严格进行学科分类教学，教师自然而然成为学科教师；教师高度关注本学科的基本知识、基本能力和核心素养，容易把教书变成了主要职业任务，而忽视了"育人"的功能，导致了国家教育方针中"教书育人""立德树人"的任务难以落实，这不仅仅是教师教育观念的问题，而是教师职业定位的问题。其实，教师的工作应该是"教书"与"育人"两不误，从教学到教育，从教育到教学循环往复螺旋上升，学科教学中富有丰富的"育人"内涵，教师承担"育才"与"育人"的双重任务。

教师工作是一项"斗智斗勇"的极为复杂的脑力劳动，是一项需要情商与智商都很高的职业；需要教师在工作过程中不断研究、不断进步，研究课程标准、研究教材、研究学生、研究教学、研究评价，不断探索和总结出适切的教育教学方式。其中，这种教学方法还需要在不同的"情景化"教学过程中，不断调整、变换，要求最大限度地实施启发式教学，优选出最适当的教育方法来实施个别化教育，尽可能引导学生在自觉自愿、潜移默化中学习知识、培养习惯、增长能力，这就是因材施教教育思想的重要意义。

教师职业是个性化极强的行业，教师需要有独特的思想、科学的方法、渊博的知识、准确的判断和高尚的品德，需要创造性地开展教育教学工作。教育需要因人而异，千万个孩子就是千万个生命个体，千万个孩子就需要有千万个教育方法。教师职业具有很强的不确定性，必须面向每一个孩子，必须采用适切的教育方法。有人说教育是"师与生"两个人之间的契约，如果双方都遵守共同契约，教与学活动就能够顺利开展，否则教的活动离开了学的活动，则是无效的。教师的职业发展，如果仅仅依靠简单的"师带徒"培养方式，显然是难以完成其职业发展和专业成长的。

当前中小学教师从事教育研究并不是常态，仍然是凤毛麟角。在教育实践中，由于教师承担着繁重教育教学工作，无暇顾及教育思想和理念变革，往往沉浸于学科教学工作之中，常常把参与教育教学研究，看作是额外的负担，没有养成参与教育教学研究的习惯，这是对教育职业的一种"窄化"，也是对教育改革力量的一种"弱化"，造成了学校教育远离社会变革，学科教育在大多数情况时占主导地位，教师只关心学科和分数，不关心"立德"和"育人"。究其原因，见表2-1。

表 2-1　教师研究意愿低的原因

教师研究意愿低	教师学科教学任务过重、升学业绩压力过大，无暇顾忌学科教学以外的教育问题，无暇学习和思考新的教育思想和理念，更无暇总结和提炼教育教学经验，撰写教育教学案例和论文
	教师具有固有学科思维，更加关注学科领域的知识和技能，而对学科以外的教育研究往往持排斥态度，不屑学习教育学的基本思想和原理，又没有掌握教育学研究的基本方法，不知道如何开展教育教学研究
	教师参与教育教学变革的积极性和主动性不高，往往习惯于约定俗成的教育方式，愿意按照固有模式周而复始从事教育工作，以不变应万变，而不愿意学习新的教育思想和理念，更不愿意变革固有教育模式，教师参与教育改革与创新的动力严重不足

教师职业发展的本质就是提高教师的文化素养和专业内涵。良好的教育科学研究素养是提升教师职业文化素养和专业内涵的基本路径，也是教师专业发展的本质特征。大量优秀教师成长的案例表明：没有文化素养做不了教师，没有研究素养做不了好教师；好老师一定具有文化素养和专业内涵的。在教师专业素养结构中，教育科研能力是最为重要的能力之一。教育是传承文化、创造文化的实践活动。教师面对着复杂的教育情境，身边时时处处都会出现问题，需要进行大量创造性研究工作。从这个意义上说，教育教学工作本身就具有研究的性质，研究是当代教师职业的基本特性之一。研究使教师回归到其职业特性的本来面貌，促进教师不断地构建和更新自己的专业内涵，提高自身的专业素养，促进教师终身学习和终身发展。

2.2.2　教师在研究中工作

对教师职业而言，"工作"与"研究"实为一个事物的两个方面，不是"两张皮"的关系，而是有机融为一体的，有机统一于教书育人的全过程之中。一般而言，教师研究的选题来源于教育教学实践活动及衍生的问题。反过来，通过研究这些教育教学实践问题及现象，揭示教育教学内在运行与发展规律，有助于教师更新教育教学理念、拓展教育教学内容、改善教育教学方法、完善教育教学组织形式，从而促进教育教学活动顺利有效地开展，同时也有助于教师形成新的教学智慧。

教师从入职开始，职业发展会经历新教师、熟练教师、专业教师和优秀教师等不同发展阶段。新入职教师首先要成为合格教师，满足职业发展需要。在职业发展前期的主要工作是能够顺利完成各种教学任务。在这个过程中，教师需要积极参与教研活动，做些简单的、具体的教学研究，比如，研究教材、研究作业、研究考试等，逐渐成为熟练教师。这之后才开始逐渐进入有意识研究教育教学的阶段。一旦成为专业教师和优秀教师，就必然会开始关注各种教育现象和问题，渴望从教育学和心理学等专业理论出发，自觉自愿开展学生发展研究，完成从学科教师向学科教育、从学科教育向教育专家的职业行为转变，这时就再也离不开教育实践研究活动了，需要借助教育实践研究，来进入职业的高端发展阶段，向成为理想中教育家的梦想迈进。

在实践中，人们常把教育发展阶段归结为"新入职教师—学科教师—教学专家—教育能手—教育家"等五个阶段，如果以每个阶段至少需要 6 年时间，也就是需要完成一个或两个从低年级到高年级的教育循环。一般在入职后 12 年以后，学会开展教育现象研究，力图研究和解决教育问题，这时候研究的作用才开始逐渐凸显。这里我们并不主张教师刚入职，就开始关注教育研究，而是在成为合格学科教师、教学专家之后，才需要关注教育理论学习，积极探索教育规律，逐渐走上专业化发展的道路。

教师研究伴随职业发展全过程，具有其职业发展的内在逻辑，可以促进教师获得如图 2-2 所示的职业发展突破。需要在教育实践视野下，审视职业角色地位、行为范式、作用意义等，理清职业发展过程中各要素之间的相互关系，特别是师生关系。教师教学是为了提高学生的学习质量，以学定教，以学评教。学生学不好或不爱学，往往被认为是教师职业的无能与失败，这就是教师职业的复杂性和关联性。学生发展决定教师职业发展的各种可能性和必然性。

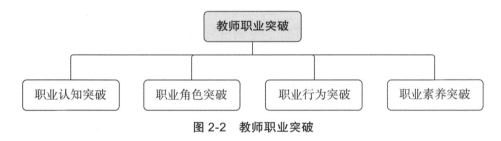

图 2-2 教师职业突破

（1）**职业认知突破**。教师研究能够摆脱固化"传递知识"的职业倾向，需要用因果联系和批判性思维的方式分析教育活动和现象，走出经验认知的局限性。教师通过总结日复一日的教育活动和各种教育现象，诠释教育实践的规律，阐释教育实践中的各种微妙因素和条件，更深入地分析课堂教学现象，更全面地把握教育本质，促进教育理论和思想的个性化表达。教师在课堂教学实践中，建立起知识传递与知识生产之间的关联，像孔子、孟子等至圣先师一样，在传递知识、教书育人的同时，也在生产知识、丰富思想，回归教师职业的古老本质，赋予职业思想性，增加职业的专业内涵。

（2）**职业角色突破**。教师职业角色是指社会对教师职能和地位的期望和要求。它规定了教师在教育情景中所应该表现的心理和行为方式。教师职业角色主要包括知识的传播者和创造者、学习的促进者、教学的设计者、家长的代言人、社会规范的象征者以及人际关系的协调者等⊖。学校教育是以教学为中心的育人活动，教师的劳动任务就是教书育人，既要传授知识，又要培养学生良好的品德。在现实中，教师劳动具有长期性、复杂性、创造性和合作性等特征。教师在课堂上以自身的知识、品德、风格、素养和能力作为职业手段，直接影响学生的成长与发展。单一的教师角色已经不能适应当今我国全面推进素质教育的需要。学校、家庭、社会、时代都呼唤教师向多重角色转变。教师是一个集教育、管理、服务等职能于一身的职业人。

（3）职业行为突破。学生不只是听教师的说教，更看教师的行为。教师的言行，经常为学生发展提供着效仿模式，激励和引导他们不断进取。教师的一切职业行为都是以学生发展为目标的。教师必须学会善于把握学生的身心特点，倾听学生的呼声，了解学生的要求，为学生健康成长创造条件，搭建良好的学习环境，以最适当的方式帮助和指导学生，从而达到培养"教书育人"的最高目的。教师在教育实践中工作时间越长、工作经验越丰富，越能够具有教育力和指导力，能够突破实践的局限性，具有敏感而又高尚的育人能力。教师在实际工作中，时时开展适合学生发展的个性化研究，从自己接触和关心的实际问题入手，在日常工作中养成观察学生、反思教育、探索规律的习惯，形成具有独特育人情景的教育经验和成果。

（4）职业素养突破。教育问题是一个复杂的社会问题，教师必须结合教育实践和生活实际，必须意识到所有教育问题的解决都不是依靠单一学科知识，都需要基于不同学科的有机结合、综合性地分析和探究，才有可能找到解决问题的答案。教师要把课堂教学实践看成自身主动学习、主动探索、主动反思、主动变化的创新过程，为学生提供独立思考的时间和空间，不断激活学生学习和探索欲望，培育学生的学习能力和创新精神。同时，教师还需要具有良好的自我管理能力，具有明确的工作目标，能够科学管理时间、善于人际沟通，具有良好的情绪管理能力，应该具有维护这个职业必不可少的良好师生关系和家校关系的能力，做到和谐育人、协同育人。

2.3　研究激发专业发展内生动力

百年大计，教育为本；教育大计，教师为本。我国已经进入了建设社会主义现代化强国的新时期，对教师的发展也提出了更高的要求。建设一支高素质的教师队伍已成为时代的亟需任务。"教而不研则浅，研而不教则空"，研究是提高教育质量、促进教师专业发展的重要手段，使得教师由成熟型教师走向研究型教师，因为没有研究就没有教师专业发展。

⊖ 车文博. 心理咨询大百科全书 [M]. 杭州：浙江科学技术出版社，2001.

2.3.1　破解教师研究难题

对于中小学教师而言，"为什么研究"是一个哲学话题。在对待研究上，教师至少存在两种价值取向：一是"为评奖而研究"，即研究是为了满足教育系统职称评审、荣誉获得的需要，带有强烈的功利主义色彩，主要从完成课题或项目、论文数量、专著出版等方面来评价，忽视教育科研的真正价值，研究是职业外在需求，难以获得自身专业成长的乐趣。二是"为发展而研究"，为让每日重复的备课、上课、批改作业等寻常工作，充满发现的乐趣和理性思索的意义，教师需要结合教学内容、过程，把概念化的教育理论转化成具体的教学设计、教学行为，重视教育研究对实践的指导价值，将教育研究与实践工作融为一体，在实践与研究过程中，实现个人的职业成长和专业发展。

教师日常工作包括备课、上课、批改作业、辅导学生、管理班级、组织活动等内容。所谓教研，顾名思义就是教学研究。由于教师每日的核心工作就是教学，教学是教师的重心工作。因此，研究教材、研究教学、研究作业和研究考试的教研活动，就比较受教师青睐，也比较容易开展。特别是近年来兴起的校本教研，由于其贴近课堂、贴近教师，贴近学校，以听课与评课为主要活动，就更加受教师欢迎。

相对教研而言，学校教科研工作存在着认识上的片面性，教师普遍对教育科研认识不到位、重视也不够。学校间教育科研交流也比较少，常常是研究课题不出校门，同一课题校与校之间重复研究，缺乏校际之间合作与研究，更缺乏区域间合作与交流。在工作实践中没有真正的课题研究。有的教师确立课题研究只是为了完成任务和自身名利的需要，急功近利不得已而为之，认为课题研究是评职评先必须的条件，平时则排斥教育研究工作，有畏难情绪，关键时候只能是草草应付了事。

在我国中小学的管理中，历来有"教研"与"科研"两个部门，因此就有"教研"与"科研"孰虚孰实、孰优孰劣之争。这里主张"教研"与"科研"一体化发展，教研与科研都是教师研究活动，只是研究内容有所侧重、研究方式有所差异而异。教师研究是教研和科研的统称，是基于研究活动的本质提出的整合概念。教师研究本身就不是一项相对独立的专业研究工作，而是一种实践场景中的研究，具有目标多元性、过程复杂性、效果滞后性、成果间接性等特点，教师研究的有效性很难量化测评，大多只能像社会学研究一样，采用观察研究法、调查研究法、案例研究法、循证研究法等质性分析方法。对教师研究进行综合分析和考量，一般会从教育思想实践程度、教育规律探索程度、教育教学改进程度、教师专业发展促进程度等不同角度进行综合考量评价。

通常来看，教师研究就是就一些对自己教育教学有意义的、值得研究的问题，按照"真、新、小"的提问原则，选择具有普遍意义的常见的小问题，诸如教学目标制定、教学内容重构、教学方式选择、家庭作业设计等。研究问题不能停留在对现象或事实的描述上，而应透过现象或事实看本质，就现象或事实所蕴涵的本质进行研究。

研究是教师走出实践误区、盲区的重要途径，走出经验的、顺从的认知视野，超越平庸和常规，为教师提供独特思维视角和方法体系，引导教师对教育问题进行深入的、理性的思考，通过研究提升教育实践智慧。

教师研究基本方向如图 2-3 所示。

图 2-3　教师研究基本方向

（1）**实践导向性**。教师研究是在自身教育教学实践认知的基础上，以日常教育教学问题为切入点，扎根课堂，针对教师具体的教学问题，基于实践建构和批判性反思总结、提炼的结果，具有鲜明的情境性、体验性、内隐性和个体性等特征。教育科研的出发点和归宿是发现教育的合理性和有效性，通过研究促进自己的教育行为，满足教育教学实际需要，提升教育教学质量。

（2）**问题解决性**。教师研究是一个以实践经验为基础的连续过程，即从教师经验出发，经过长期的多种途径的经验积累，运用教育科研方法进行反思、观察、概括和升华。教师研究不一定立足当今教育热点问题，也不一定是最前沿的教育思想，而是自己实践中的真实问题。教师研究是对经验的积累、判断、发展和重构，是经验转换并创造知识的过程，是不断观察、记录、反思和总结，将有效、可行、创新的教学模式进行总结、概括和升华，将实践经验上升为研究成果。

（3）**研究应用性**。教师研究是一种实证研究、行动研究，采用"用证据说话的科学思维方式"，用真实的数据及必要的证据推理，做到有事实依据和理论依据。教师研究也要讲求证逻辑，研究过程需要连贯有序、前后呼应、因果分明、相互印证，体现研究的规范性，但又不完全拘泥于规范性，它是围绕课程、课堂和教学开展实践探索研究，从"小问题、小现象、小故事"开始进行研究，提出一些"小观点、小方法、小策略"，服务教育实践的不断改进。

（4）**成果多样性**。教师不必拘泥于论文、课题的成果形式，"经验总结、教育叙事、教育案例、教学反思、教学课例、作业设计"等，均可以纳入中小学教师教育科研成果范围，与论文同等对待。许多观点认为"多样的研究成果将有助于教师形成工作反思、总结、提高、升华"，可以通过思想与方法创新，引导中小学教师研究向精耕细作的方向发展，提高教师研究的生命力，这也是教师研究追求的重要目标。

2.3.2　激发教师研究活力

在我国中小学教育的实践话语体系中，常常把教育科学研究统称为"教科研"，包括教学研究和教育研究两部分。"教科研"是基础教育事业的重要组成部分，在推动基础教育内涵式发展方面具有独特优势。2019 年，教育部发布《教育部关于加强和改进新时代基础教育教研工作的意见》，充分肯定"教科研"在推动课程改革、指导教学实践、促进教师专业发展等方面的价值。

应该看到，当前我国教育思想理论发展是落后教育改革实践的，主要表现为教育理论对教师改革的回应力、指导力和解释力等都不足，还未达到理想的程度，存在感性的、经验的、先验推理的、简单归纳的线性思维，阻碍了教育改革事业的发展。因此，充分调动中小学教师参与的积极性和主动性是大势所趋。

实践变革是教育科学研究创新的前提和基础。中小学教师的教育改革创新能力，常常隐含于教育活动过程中，很难引起广泛的理论思想关注，形成具有影响力的表达权和话语权，但社会变革对教育急速变革提出新的要求和挑战，曾经在实践中蓄积的教师研究力量，需要被充分激发和突显出来，成为突破性教育实践变革的内在动因。

教师开展教育研究，能够充分激活教育思想的创造力。教师是教育实践的承担着，也是教育实践的思考者，从理论到实践，从实践到理论，教师研究创造了丰富的教育经验，也推动教育改革的深入发展。教师需要时刻关注教育政策和理论思想的变化，时刻把握教育实践脉搏的变化，成为教育思想与政策落地的中坚力量，成为教育改革的行动者。

当然，中小学教师开展教育研究，其最根本的目的是促进自身的专业发展，研究是教师专业发展的有效途径。教师研究最终目的是要改变教师的思想能力、行动能力、教学能力、学习能力和专业表达能力等，引导教师走上专业化的发展道路。

中小学的教师研究的确不同于高校学者的研究，具有其独有的教育研究目的、意义、目标、范式、方式和成效。教师研究应该是教研和科研不可分离，是一种行动研究的范式，重在教育教学问题的发现和解决，是一种发现问题、提出问题和解决问题的行动研究，它通过实践中的问题找证据，学情诊断，反思整合，在实践中收集数据来支持行动改善，评估效能并构建新证据。教师研究重在问题的解决，而不是论文成果的发表，是一种自下而上的教育实践研究，能够将研究与实践结合起来，在行动中不断实践，而不是应用教育论去完成确定的教育任务。

教师研究是一种扎根教育实践情境中的研究，是一种工作场景中的研究，一般会采用调查方法、案例分析方法、循证研究方法、现象学分析方法等来开展教育研究。当然，教师研究更加注重研究内容而不是研究方法，强调研究什么比怎样研究更重要。研究内容主要围绕学生而展开，比如研究学生学习品质、学习心理、学习态度、学习情感和学习动机等，一般会采用案例分析研究方法，持续开展深入研究工作。

教师研究具有如图 2-4 所示基本价值。

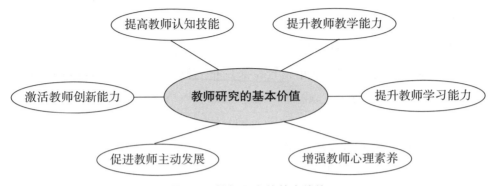

图 2-4　教师研究的基本价值

（1）**提高教师认知技能**。在教育研究过程中，教师会接触到大量的相关文献和前沿思想。在观察和分析问题时，教师通过学习应用教育科学研究方法，探索分析教育现象；在解决问题时，教师通过不同模型和测量手段的使用，教师借助各种各样的技能手段，如信息化技术、大数据分析、量表制作、调研问卷设计、科学实验等，提高自己的技能和认知能力。

（2）**提升教师教学能力**。教师研究的对象就是日常教育教学行为，目的是解决教育教学的具体问题，提升教育改革的行动力。这种研究不拘泥于某个思想理论，而是强调解决问题，以提升行动能力为目的。主张把研究与行动合二为一，倡导在行动中研究，在教学中研究，以研究促进教学，使二者相互验证、相互促进。

（3）**激活教师创新能力**。创新能力需要敏锐的观察力、独特的思考能力、求异批判性思维能力、科学演绎推断能力以及创造性解决问题的能力。而这种思维品质和专业素养，只有在教育实践研究过程，才能够得到锻炼和培养，最终形成一种研究的思维习惯和创新的工作能力，而这种思维习惯和创新能力才是教师专业发展的根基。

（4）**提升教师学习能力**。教育研究活动能够有效促使教师把学习当作内需使然，使终身学习成为可能和必需。教育研究涉及多学科知识与技能，需要教师不断学习提高，学习、实践，再学习、再实践，持续研究、不断学习和实践，才能把学习内化为一种工作习惯。通过学习和研究，不断扩大自身认知的深度与广度，最终形成受益终身的学习能力。

（5）**促进教师主动发展**。面对新时期发展阶段中教育改革遇到的新情况、新问题，需要突出教师破解问题的能力。教育研究正是通过不断地积累、探究和应用，改进教育方法，改变教学思路，提升教育质量，提高教师分析和解决问题的能力，也不断增加教师教育理论的判断力、领悟力和执行力，不断优化教师专业素养。

（6）**增强教师心理素养**。教育科研工作需要意志力、坚韧性，更需要具有抗挫折的心理能力。在教育科研的过程中，教师会体验到研究工作常见情绪，如焦虑、急躁、不安、倦怠等，需要通过不断调适，要不断克服不良情绪，培养自己对知识的渴求和对问题的探究能力。否则，就会半途而废，事半功倍，体会不到研究带来乐趣与喜悦。

总之，对于教师专业成长来说，坚持教育研究能够有效提升教师的学习能力、理论思维和专业素养，使教师完成从教育实践到教育理论的跳跃，从经验型教师到研究型教师的成长，从学习型教师到专家型教师的转型，从"学科教学"到"学科教育"的飞跃，真正实现教书与育人并驾齐驱，同时也完成自我发展、自我成长的现实需求。

2.3.3 加强教师研究指导

教师专业发展是指教师作为专业人员，在专业思想、专业知识、专业能力等方面不断发展和完善的过程，即是从新手型教师到专家型教师的发展过程。教师专业发展要求教师成为学习者、研究者和合作者。教师专业发展贯穿于教师的整个职业生涯，是一个持续不断的循序渐进的动态过程。福建师范大学教授余文森是我国最早研究教师专业发展的人之一，他提出教师专业发展路径如图 2-5 所示[一]。

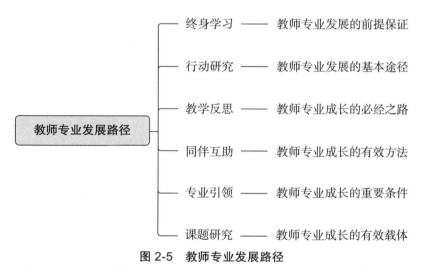

图 2-5 教师专业发展路径

从图 2-5 中可以看出，专业发展离不开教师研究。教师参与研究的主要作用有三个方面：一是有利于学校管理者解决学校发展中的实际问题，促进学校科学发展；二是有利于教师解决教育教学中的实际问题，提升专业能力，促进教师专业发展；三是有利于学生健康、快乐成长，促进学生综合素质的提升。

教师通过不断的专业学习，更新教育观念，改进教育实践，促使自身专业水平不断提升，强调教师专业的自主发展。教师专业发展是一个不断学习的过程，包括专业知识、专业能力、专业素质、专业态度与专业情感等，典型特征是职业性和自主性。教师专业发展目标是使教师成为研究型教师，这就要求教师既具有较强的创新意识及思维能力，容易接

㊀ 余文森，等 . 教师专业发展 [M]. 福州：福建教育出版社，2007.

受新思想及新事物，不断拓展知识领域，又愿意主动参与各种途径的学习、培训，是终身学习的践行者。

教师在实践过程中、在与学生交往过程中，不断反思，不断提炼问题、选择并判断问题、寻找解决策略，形成教育实践智慧，而教育实践智慧形成正是教师专业发展过程。在这个过程中，教师发现问题、提出问题、解决问题，完成教育研究过程，形成教育问题解决意识、积累教育研究方法及经验、培养教育研究能力，而这个过程本身就是教师专业发展过程。因此，教师研究是教师自身专业发展的基本路径。

由于中小学教师属于非教育专业研究人员，无论是在课题研究方法选择，还是在教科研成果提炼等方面都存在一定困难，需要建立各级各类的中小学教师研究指导体系，加强对中小学教师开展教育科研课题研究、教育教学成果培育、教育科研团队培养、教育教学成果推广等指导和引领。构建中小学教师研究指导体系，需要以教育治理的理念为基础，遵循教育科研规律，立足于中小学教育科研的本质要求，以提升教师教育研究能力、促进教师专业发展为目标。当前我国县区级以上都建有教育科研部门，比如中国教育科学研究院、北京市教育科学研究院、北京市海淀区教育科学研究院等，这样一些专业研究机构，应该承担起中小学教师研究指导的工作，是教师研究工作的保障体系。

高等院校或教育科研机构的专业研究人员，他们拥有深厚的学科理论基础、丰富的教育科研功底及实践经验，理应指导和支持中小学一线教师的研究活动，让中小学教师能够开展更多校本研究。例如，北京市海淀区教育科学研究院与北京师范大学建立教育科研伙伴关系，以合作组成课题或项目研究的方式，为中小学教师提供教育科研选题指导、文献查阅与综述撰写指导、方法论指导，以及如何进行论文写作、课题申报等诸多方面，有效提高教师的教育科研素养和能力。

总之，教师研究能够让教师获得职业乐趣与幸福感。通过组织和号召教师开展教育科研，学校能够汇集一批研究型教师，从而形成新的、积极向上的学校氛围，共同开展教育教学改革，更容易形成自己的办学特色，获得更高的社会声望，不断提高办学质量。

CHAPTER 03

第三章   教师需要研究什么

《中华人民共和国国民经济和社会发展第十四个五年规划和 2035 年远景目标纲要》中明确提出"建设高质量教育体系"。中小学教育科研作为基础教育高质量发展不可或缺的强大动力和智力支撑，是建设高质量教育体系的重要基础和理论保证。教育科学研究的范畴是极为广泛的，涉及教育系统的全领域、全方位和全过程，但中小学教师参与研究的范围却是极为有限的，主要围绕教育教学实践过程展开，研究教育、教学和学生发展等领域问题，其目的是为改进教育教学工作服务，属于一种实践导向的问题解决式研究。

3.1   研究教学过程问题

中小学教师承担着繁重的学科教学工作，每日沉浸在备课、上课、辅导学生、布置作业和批改作业等循环工作中。他们最了解学生、最熟悉教材、也最理解教学；他们有丰富的教学案例，也有宝贵的教学经验；他们开展教学研究最有资源、也最有优势。如何引导教师科学运用教育理论和研究方法，观察教学现象，发现教学问题，开展教学研究，对于教师揭示教学规律，指导教育实践，提高教师专业素质等，具有重要的现实意义。

3.1.1   教研制度历史沿革

我国教研体系是一种经过实践检验的教师应用研究模式，也是一种教学研究体系，还是一种教师发展的专业培训体系。所谓教研就是教学研究。我国的教研制度是在中华人民共和国成立初期建立的。当时国家一穷二白，百废待兴，现代教育制度体系建设基本上是从零开始，中小学校面临师资严重不足的问题。我国教育部从"穷国办大教育"的实际出发，决定建立不同层级的教学指导制度，即今天的教研制度雏形，它是基于经验化的教学研究制度体系的本土化设计。这种教学研究制度逐渐演化成为今天层级分明、职责明确的中小学教研制度体系。

教研制度的组织机构就是各级教研室。全国各级教育行政部门都下设教研室，形成省级、市级和区县级三级教研室。教研室作为事业单位，内部按照学段、学科设置不同年级和学科的教研组，如小学语文教研组、初中数学教研组等。教研制度对于恢复正常教学、保证教学质量功不可没。教研室是我国基础教育系统中一个富有特色的组织，是教研制度赖以生存的基础。

教研室内部工作人员被称作"教研员"，即教学研究人员。教研制度的核心就是建立教研员队伍。教研员大多数来自中小学，是从各个学校择优来的优秀教师，他们具有正确的教育思想、丰富的教学经验，能够承担教学研究、教师培训和教学指导等工作。教研员每周要深入学校，负责培训和指导中青年教师，他们边教学、边学习、边研究、边工作，为我国短时期内大面积提升教学质量贡献了思想和智慧。教研制度成为我国高质量基础教育的支持和保障体系。

当前，教研员已经成为我国教师队伍中的特殊群体，对中小学教学质量和水平负责。他们具备较强的学科教学能力和较高的教学水平，能够指导教师开展教学研究活动，并且负责制定区域教学计划和实施策略，能够确保国家课程方案或课程标准的科学实施。

一般而言，教研员的工作职责如图 3-1 所示。

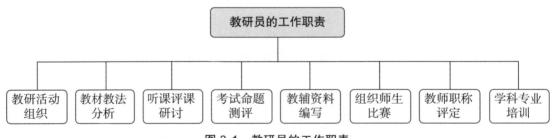

图 3-1　教研员的工作职责

我国教研队伍的建设，已有 70 多年的历史，发展到今天，已经拥有了一支大约 10 万人的教研员队伍，建立了完整的三级教研网络体系，形成了有效的、体系化的教研工作机构和工作机制。教研员是基础教育领域公认的学科教学专家，他们以课堂教学研究为责任和使命，组织教研活动，指导和培训教师，是基础教育系统的"无冕之王"。

教研活动一般由教研员等专业人员负责组织，组织教师研究备课、教学实施、作业布置和考试评价等工作，着力研究教材、教法、作业和考试等问题，帮助教师掌握基本教学方法和技能，更好开展教学活动，不断提高教学质量和水平。

比如，磨题和磨课就是常见教研活动方式。教研组内的磨题，是指区域组同一年级所有教师从素材选择、课程标准匹配、知识组合、逻辑关系、符号表述及难度控制、渗透过程情景等多方面，对初选试题或自编试题进行推敲论证，进行较有深度思维的加工，最终形成一套符合课程标准要求和学生学习水平的完整试卷的活动过程；磨课是指把平时积累的教学经验并集中组员智慧的课以及上公开课前的反复推敲试讲的过程。磨题和磨课的具体要求如图 3-2 和图 3-3 所示。

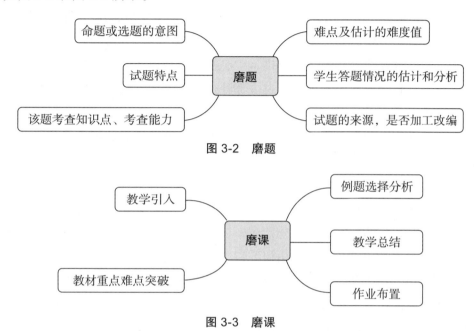

图 3-2　磨题

图 3-3　磨课

长期以来，各级教研机构和教研队伍在支持、引领、服务基础教育改革，特别是课程改革的过程中，做了大量卓有成效的专业工作，在提升、保障中小学教学质量方面，做出了不可替代的重要贡献。但传统的教研制度也存在明显学科化问题，教研以学科和学段严格划分，主要以"学科教研"为主，强调学科内部的"备课—说课—上课—评课"研究，过分强调"学科性"，使"学科至上主义"蔓延，导致学科之间严重割裂。每门学科之间都各自开展教研活动为主，围绕本学科教学目标、重点、热点、难点问题展开教研，造成学科之间的壁垒，出现中小学"大学科小学科""主学科副学科"之说。一般都把语、数、英等学科作为大学科、主学科，而把音、体、美等学科当作小学科、副学科。跨学科之间的综合学习缺失，最终可能导致学科应试主义倾向，引起教育系统内外的一些诟病。

在全面实施新高考新课改新教材的前提下，传统教研制度也面临着工作内容、工作模式和评价方式的全面转型，以适应教育改革和课程改革的现实需要。

首先，教研活动必须指向立德树人的育人目标。教研必须围绕课堂教学中的真实问题展开，立德树人的教育目标必须在学科课堂教学过程中得到不折不扣的落实，学科教学需要在知识与技能教学的基础上，更加强调学科育人的教育目标，实现学科课程要培养的核心素养目标，使发展素质教育的时代要求充分体现在学科教学之中。

其次，教研活动必须落实全面发展的时代要求。学科教学思想必须服从教育政策、理论思想新要求、新变化，强调教育活动要有明确的育人主题。教研员要在人的全面发展教育思想指导下，组织开展教学研究活动，引导教师重新认识学科教学的目标任务，克服教学中一味强调基本知识和基本技能，严重忽视学科教学中情感、态度和价值观的培养。要引导教师及时分析教学行为，依据学生的思想、情感变化，不断调整教学结构，共同破解教学过程中的育人难题，最终从学科教学走向学科教育，实现全面育人任务的落实。

最后，教研活动必须尊重个性化、特色化的教学实施。进入 21 世纪，随着国家新课程标准的发布，基础教育课程改革全面推进，中小学新教材进入全面实施阶段，学校个性化教学经验、特色化教学实施不断涌现。过去那种过度强调教学统一性、整体化一的教研活动模式，显然难以适应教学改革的时代发展要求。需要各级教研员重新认识学科教学的本质，深刻领会综合育人的含义，积极引领教师开展教学改革活动，继续发挥教学研究的示范引领作用。

长期以来，原有教研工作以研究备课、教材、听课、评课、考试等为主。在课程改革的新形势下，教研制度要从单一研究课堂教学向研究学生、研究课程标准、研究课程、研究评价等方面转变。各地教研部门功能定位、工作范畴、制度体系、组织结构、人员评价等都发生深刻变化。教研重心要实现由研究以"教"为主向以"学"为主转变，由基于经验的教学研究向基于事实和数据的教学研究转变，由注重统一性的教学要求向注重个性化的教学服务转变，由关注知识传授的研究向关注全程育人、综合育人、全面育人的研究转变，由单纯关注教材教法研究向加强对教学质量的全要素研究转变，以及向服务区域与学校发展转变，由基于课堂教学的传统教育模式研究向基于开放的信息化教学的现代教育模式研究转变。新时期，教研员必备的能力如图 3-4 所示。

图 3-4 教研员必备能力

3.1.2　校本教研制度建立

什么是校本教研？所谓校本教研，就是以校为本的教学研究活动，是指将教学研究的重心从教研室这种专业机构下移到学校，要求以课堂教学中的具体问题为研究对象，以学校教师为研究的主体，倡导作为专业人员的教研员与学校教师共同参与教学研究活动。

学校是教学研究的基地，教师是教学研究的主体，校本教研是基于校级教研活动的制度化规范，其基本特征是以校为本，强调围绕学校自身遇到的问题开展研究。促进师生共同发展是校本教研的直接目的。概括地说，校本教研就是为了改进学校的教育教学，提高学校的教育教学质量，从学校的实际出发，依托学校自身的资源优势和特色进行的教育教学研究。

20世纪初，校本教研一经提出，就立刻引起了我国基础教育系统的积极回应。可谓是"一石激起千层浪"，学校教研活动被轰轰烈烈地激发了起来。校本教研立足本校的实际和教师专业发展的需要，围绕教育教学中存在的实际问题，以教师为主体，立足于学校自身的真实教学问题，改变了原来教学研究机构自上而下的工作方式，建立自下而上的教学研究方式。教师在实践反思的基础上开展教学研究活动，其目标是让教师从"教书匠"发展为"研究者"，使教师成为终身学习的探索者、先行者和示范者，使教师群体率先成为优秀的学习型组织。

校本教研打破了我国延续半个多世纪的教研制度格局，突破了"省、市和区县"等相对固化的三级教研组织体系和组织架构，催生了以校为本的"第四种教研模式"。同时，校本教研也充分调动教师参与教研活动的积极性和主动性，为广大一线教师参与教学研究创造了更加灵活、更加便利的条件，搭建教师可以在学校搞教学改革和教学研究的学术平台，无形中破解了教研制度的"神秘性"，淡化教研员作为教学管理、指导和培训的学术权威性，强调教研员"下沉"到学校，与教师建立研究伙伴关系，弱化其管理、指导、检查和评价教学的功能，强化其共同研究教学的功能，回归我国教研制度建立的初心。

校本教研作为一种教学研究方式，需要教师有研究方案设计，也需要有研究资料积累，更需要有简洁明了而又合乎专业规范的研究报告，倡导以叙事方式写作鲜活的个案研究报告，而不必一律写成规范、严格的学术论文。研究资料可以包括访谈记录、观察记录、学生作业、学生考卷、活动照片、课后反思、教学随笔、日记等。加强校本教研，就是从根本上提高教师教学研究的意识和能力。

从总的方面看，校本教研继承传统教研方式，如集体备课、听课评课、公开课展示、业务学习、教改课题研究等。同时，更加强调教师在课堂教学过程中的教研活动，主张在常态课、公开课、研究课等活动中开展教学研究。公开课是校本教研常用的活动方式，也是课例研究方式，强调在课堂教学情境下进行研究，通过解剖教学案例或标本的方式，研究教学目标与成效。

常见校本教研活动方式，还有同课异构、教学论坛、课题研究、课程资源开发等。当前在中小学中广泛流行的校本教研模式，基本上有如图 3-5 所示三种。

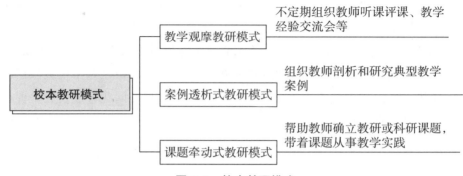

图 3-5　校本教研模式

校本教研使教师成为教学研究的主体。教师以研究者的身份置身于教学情境之中，以研究者的眼光审视和分析教学问题，研究教学中亟待解决的具体问题，研究结果直接指向教学问题的解决，研究与工作紧密结合在一起，属于教学过程中的行动研究。教师个人的自我反思、教师集体的同伴互助、专业研究人员的专业引领是开展校本教研和教师专业化成长的三种基本力量。一般而言，校本教研分成如图 3-6 所示三个重要环节。

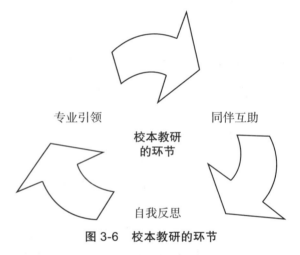

图 3-6　校本教研的环节

（1）专业引领。以校为本的教研，在学校里开展，但也需要有专业研究人员的参与。一方面，学校要积极主动地争取专业研究机构的支持和指导；另一方面，各级各类的教研员也要主动深入学校，为校本教研提供专业引领，帮助和指导学校建立校本教研制度体系。专业引领是高质量、高水平的校本教研的根本保证，也是提高校本教研学术水平的关键要素，对教师专业发展具有重要意义。离开了教育研究人员的专业引领，校本教研往往只能是一种低水平的重复循环，难以创造性开展研究工作，其目标与成效也是难以达成的，甚至会出现机械化、形式化和平庸化的趋势，最终让校本教研流于形式。

（2）同伴互助。校本教研需要合作式的研究，强调研究的民主性和参与性，需要教师之间、教师与专家之间的相互启发、相互借鉴、相互协作与支持。与传统教研相比，校本教研更加强调教师之间的平等对话，强调专业切磋、互相学习、合作研究和协调支持，强调教师在共同体验成功和分享经验的基础上共同成长。这种教师之间的合作研究，往往可以是超越年级、超越学科的，可以是以学科组为单位的学科教研，研究课程教材和教学实施等问题，也可以是以年级组为单位的跨学科教研，研究学生发展、教学效果和教学评价等问题。校本教研使教师有了互相切磋教学问题的伙伴，教师之间可以分享备课资料和课堂教学技巧，也可以共同分析教学情况，共同磋商教学改进策略，以加强教师对自我教学的关注和改进，同时还可以学习同伴的教学经验。

（3）自我反思。自我反思是开展校本教研的必备环节，强调教师在研究活动的主动性和积极性。要求教师要具有自我思索、自我改进和自我发展的能力，要有自我研究的意识和能力。只有教学研究活动成为教师专业发展的内在需求，校本教研才能得到真正的落实和实施。当然，这种教研活动必须基于教师的教学实践，必须基于教师已有的教学经验范围，否则就谈不上所谓的自我反思了。反思要以教师教学认识活动为基础，要努力消除教师对教研的厌烦情绪，强调教师对教学问题、教学行动的反思，倡导教师自觉、主动地探索和解决自身教学实际中的教学问题，从而达到改进教学实践和提高教学质量的目的。

总之，校本教研的三个环节是循环往复，螺旋上升的，成为教育教学的常态研究工作。校本教研制度的建立是一种新的教学研究秩序的确立，是学校文化的重建。它创造的是一种崇尚研究、共同探讨、平等合作、共享经验的氛围，创设的是一种有利于每位教师专业发展的机制。教师成为教学研究的主体是整个教育创新的活力所在。否则，教学研究只能是为研究而研究、为"装门面"而研究，是与教学研究的基本理念背道而驰的。

3.1.3 教师研究的着力点

教师研究要从自己的职业生活做起，需要在完整的职业生活中开展研究，主要着力点如图3-7所示。教师研究离不开平凡琐碎的职业生活，要在日常的备课、上课、听课、评课的过程中，在组织学生活动、课后辅导、教学设计、作业布置、教育生活、游学经历等活动中，寻找教育故事，研究学生发展，探索教育改革，开展教育反思，撰写教育随笔，畅谈教育收获，开展教学研究。教师研究必须在用心备课、写好教案、实施教学等过程中展开，有意识地选择一篇或一个章节的教材，沉下心去精读教材，搜集相关资料，联系学生实际，写出详实的教学设计，在实践过程中体会教学研究的乐趣、获得感及幸福感。

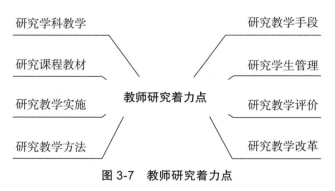

图 3-7 教师研究着力点

（1）**研究学科教学**。教师新入职以后，首先要能讲授一门学科，成为任何一门学科的任课教师。渊博深厚的学科知识是教师立身之本。由于每门学科都是不断发展的，知识是一个不断分化、综合、累积与更新的过程，教师在学习阶段获得的学科知识肯定是不够的，需要不断增加、丰富、更新和内化。这就要求教师在教学实践中，不断吸收知识，不断整合和建构自己的学科知识体系，成为知识渊博之人，再将其融会贯通讲授或展现给学生，帮助学生建构自身的学科知识体系，这就是教学活动的基本过程。教学过程是不同代人之间的知识传递、思想交流与文化认同的过程。好的教学，要求教师把已有的学科知识不断转化、不断内化，融会贯通，成为自己的认知结构的有机组成部分。这样才能够以自己独有的教学方式，把知识传递给学生，否则"以其昏昏，"岂能"使人昭昭。"所以有人说："一个好教师，就是一门好课程"。教师要通过深入学科研究，使得原有学科知识成为一门可以用来教学的"课程"，并在教学实践中，不断进行批判性反思，逐渐形成自己的学科见解和观点，这样才能够真正达到教学提升的目的。

（2）**研究课程教材**。我国中小学教育是由政府统一管理的，具有严格的课程标准、课程方案和课程实施计划，对于依据课程标准的教材编写和出版同样有严格的要求。可以说，课程标准和学科教材是国家教育信念的重要体现，是落实党的教育方针的重要依据。教师在课堂教学过程中，必须明确课程标准的具体要求，熟悉教材，灵活使用教材进行教学。教师需要具备娴熟的课堂驾驭能力，讲起课来胸有成竹，得心应手，能巧妙地利用课堂生成资源，引导学生思考、探索知识，培养学科学习兴趣和能力。这就要求教师在备课过程中，必须研究课程标准、研究教材、研究学生，需要深度理解文本，深度参悟教学本质。对教师而言，备课过程、教学过程本身就是研究过程，如果教师能够把备课中得到的灵感、参悟出的道理、创新出的教法，加以深入思考和研究，进而写成教育随笔或论文，就逐渐走上了教学研究之路，其实也是优秀教师教学能力提升的必由之路。

（3）**研究教学实施**。教师每天的主要工作就是上课。为了上好课，教师要对每节课的教学目标、教学内容、教学方法、教学手段等有清晰的了解，不仅知道为什么教、教什么，而且知道怎么教、教得怎么样。从这个角度来说，教师是教学过程的研究者。教师以研究者的态度和精神，对待日常课堂教学工作，不断进行课堂教学实践，对课堂教学过程不断进行复盘与反思，并对课堂教学过程中的得失，随时进行总结梳理，这样教学才是有效益、有效率、有效果的好教学。可见，教学过程本身就含有深刻的教学研究的意义。有意义的、积极的教学需要不断反思、不断研究、不断改进、不断创新。如果教师不研究教学，甘心情愿把复杂的教学工作变成简单的"知识传授"，不仅达不到良好的教学效果，而且日复一日简单重复会引起学生的厌倦，严重影响教学效果，也会影响教师的专业发展。

（4）**研究教学方法**。在具体教学中教无定法，教学方法手段因教师而异，也因教学内容而异。教师可以根据教学内容和学生实际发展情况，选择科学有效的教学方法，如讲授式、合作式或探究式等多样化教学方法。教学方法本身没有褒贬之分，只有是否适切之分；

教师可以根据课堂教学的实际需要，随时选择和更换教学方法。教学方法是教师个人性格、情感、态度、个性和风格等的集中体现，具有教师人格的特点。优秀教师一般都具有适合自己性格特点的独有教学风格，也有独有的教学方法。当然，教学方法的选择，一定要与学生学习实际相结合，要体现以学定教的教学思想，需要按照学生的发展需求，选择最合适、最恰当的教学方法，培养学生学习品质和学习能力。因此，选择教学方法本身就是一个研究过程，体现教师对科学教学思想和价值的追求。

（5）**研究教学手段**。教学手段是师生教学相互传递信息的工具、媒体或设备。由于互联网、人工智能等现代信息技术在课堂教学中广泛应用，促使教师从传统课堂上的主讲者，转变为组织者和辅导者，从"独奏者"成为"伴奏者"。教师不能仅仅把知识传递作为教学的主要任务，更应把形成学生正确的学习态度、学习情感及高阶思维能力作为教学培养目标，更加关注学生获取知识的过程与方法、关注学生学习兴趣和动机的发展。尽管任何先进技术应用都不能完全取代教师，但如果能够充分借助信息技术手段的应用，肯定能够把教师从繁重的备课与课堂讲授中解脱出来，使其有精力、有时间去处理学生的学习问题。除了信息技术手段以外，各种书籍、教具学具、实验工具、电子视听设备和多媒体环境创设等都属于教学手段。教师需要研究各种教学手段的利与弊，并且掌握最新的教育技术，懂得现代化教学手段的技术设计、制作和应用，充分发挥现代教育技术对教学的支撑作用。

（6）**研究学生管理**。学生管理是每位教师主要的工作任务之一。教师要善于在教学过程或学生活动中培养学生养成良好的个性品质和道德素养。从根本上讲，学生管理就是要建立良好的师生关系，需要教师扮演教育者、指导者、支持者、合作者和同行者等不同的管理角色，随时关注学生学习生活状况和身心发展情况。学生管理是学校教育管理的核心，是搞好教学工作、提高教学质量的保证，是育人的重要途径之一。教师倘若把学生管理看作是管理部门、管理人员、班主任的事而不重视、不参与，不在教学过程中实施学生管理，就不可能很好地发挥教书育人的功能。教师每天都与不同年龄、不同个性的学生打交道。每个学生都是有思想、有情感、有态度、有追求的鲜活生命体。如何观察学生、如何与学生沟通、如何了解学生的需求、如何为学生提供适当帮助，都需要科学研究。教师需要研究学生发展过程中的现实问题，及时为学生发展提供指导和帮助，并且这种研究又是案例式研究，需要为每个学生提供个性化的解决方案，只有这样，才能够确保所提供的指导和帮助是科学有效的。

（7）**研究教学评价**。教师需要在每日的备课、上课、批改作业、组织活动、课后辅导等常规工作中，研究学生的身心发展状况，研究如何让学生学得更好、更快、更有效果，实现有意义有价值的教学。作业、考试和测评等都是教学过程的重要组成部分，也是教学及时反馈的重要手段。教学评价是一项极为复杂的事情，既有目标导向性评价，又有过程监控性评价，更有综合效果性评价。在教学全过程中，教师必须研究作业设计、考试命题和测评方法，及时进行学情和教情的诊断与评估，不断调节教学难度和深度，随时改进教学流程，做到以学定教。教学评价可以是自评方式；也可以是他评方式；可以是当节课评价，也可以是阶段性评价。评价方式是不拘一格，多种多样的。但任何一项测试或评价都应直接指向学科课程要培养的核心素养的落实，指向学生身心的全面发展，否则作业、考试、测评就都会失去意义。

（8）研究教学改革。中小学教育教学是不断改革、不断变化的过程。教育政策、课程改革、教学目标、教学策略和教学评价等都处于变化之中。特别是进入 21 世纪，新的教育政策层出不穷，不仅自上而下课程标准、教材改革速度加快，而自下而上的教学实践创新也不断涌现，这就需要教师边研究、边实践，随时把握教学改革的目标和方向，积极探索新课程新教材落地实施的新思路、新路径。教师是教学改革的承担者，也是教学改革的实施者。任何一项教学改革，如果得不到教师的积极参与，都将是无效的，也是注定要失败的。因此，教育主管部门和学校要尽最大努力调动教师参与新课程新教材改革的积极性和主动性，要通过教学改革研讨和培训等活动，引领教师参与教学改革，鼓励教师有意识、有目标、有计划参与教学改革，不断创新教学模式，不断探索教学规律，确保各项教学改革政策落地生根、开花结果。

3.2 研究教育科学问题

优秀教师都会崇尚理性思索的力量，能够在日常教学工作中，以探究态度和创新精神，对待习以为常的课堂教学。一篇学习笔记、一个教学课例、一篇教育随笔、一个教育故事、一篇教育论文……研究就从这里起步，教师就从这里成长。优秀教师不仅注重理性思考，更勤于笔耕，能够主动地写作，日积月累，久久为功，不知不觉就走上教育研究的幸福之路。

3.2.1 什么是教育科学研究

在我国基础教育研究领域，与教研制度并行的还有教育科学研究制度（简称教科研制度）。像各级教研机构一样（各级各类教育学院或教师进修学校），也存在教育科研机构（各级各类的教育科学研究所或教育科学研究院）。全国各省市的情况不一样，有不少地区教研机构与科研机构是合二为一的，统一简称为教科研机构，承担教育科研研究的科研管理、教师培训、教研活动、课题研究、成果推广、考试评价、校本研究指导和信息化建设等教科研任务。但在我国许多教育发达地区，往往是两者独立建制的机构，属于并存并行的建制模式，例如在北京市、上海市、江苏省、浙江省等地，就是教研机构与科研机构独立建制的。具体而言，北京市海淀区教育科学研究院、北京市海淀区教师进修学校，就是两者并存的独立建制机构，分别承担教研和科研的任务。

所谓教育科学研究，就是遵循教育科学研究的规范流程，运用科学的研究方法，观察教育现象，探索教育规律，发现、提出和解决教育问题的研究过程。课题是教育科学研究的载体，一般而言，课题研究过程就是教育科学研究的过程。课题研究一般要经历选题立项、文献综述、开题论证、实践研究、中期检查、数据验证、结题评估和成果推广等不同环节，像所有社会科学研究一样，教科研具有相对稳定和比较规范的研究工作流程。

与教研相比，教科研工作的对象更为复杂多样，研究所涉及领域也更加广泛，可以研究教育制度、教育政策、教育管理、课程内容、教育方法、教育手段、教育评价等，也可以聚焦教育实践任何一个领域或环节，选择研究课题，研究学校、教师和学生的发展，研究课程、教学和评价，等等。大量实践证明，教科研是地区高质量教育发展的强有力支撑力量。中小学教师开展教科研，不像高校教师或专业研究机构人员那样具有很强的理论性和学术性，但也必须遵循教育科学研究的基本规律。教育科学研究以学校为研究基地，以解决学校教育的实际问题为起点，选择切实可行的研究方法研究教育科学研究。它具有针对性、自主性、应用性、群众性和灵活性等特征。

教科研是一个"发现问题、提出问题、解决问题"的过程。教师在教研活动中，常常会引入教科研方法，围绕学科特点，尝试开展基于教育、教学和教研实际问题的小课题研究。教师常常以"问题即课题、过程即研究、效果即结果"的教科研思想，开展基于教育教学实践中的课题研究。比如，微教学片段分析研究、深度学习研究和跨学科大概念教学研究等，采用案例研究方法、反思研究方法、行动研究方法等，去伪存真、由表及里、分析成因、抓住症结，解决实践中的问题，不断提升教学理念，形成教育教学智慧，提高教育教学能力。

教师开展教科研，除了探索教育规律、提高教育教学质量以外，其最根本目的还是促进自身的专业发展。教师是教育实践的承担者，教师需要时刻关注教育理论思想和政策的变化，时刻把握教育实践脉搏的变化，成为教育思想与政策落地的中坚力量，成为教育改革的行动者。教科研是教师发展的强大推动力。教师通过教科研活动，充分激活教育思想的创造力，改变教师的思想能力、思维能力、学习能力和专业研究能力等，进而提高其教育教学的实践能力。

教师践行教科研活动是一种扎根教育实践情境中的研究，是一种工作场景中的研究，一般会采用调查研究方法、案例研究方法、经验研究方法和行动研究法等来开展教育科学研究。当然，教师的教科研更加注重研究内容而不是研究方法，强调研究什么比怎样研究更重要。研究内容主要围绕学生持续开展深入的研究工作，比如研究学生的学习品质、学习心理、学习态度、学习情感和学习动机等。教师开展教科研需要遵循如图 3-8 所示步骤。

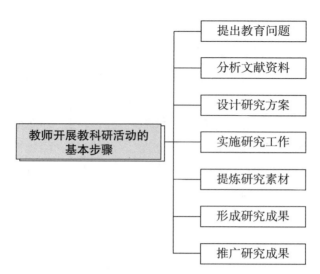

图 3-8　教师开展教科研活动的基本步骤

（1）**提出教育问题**。教师每天都面对日复一日的教育教学工作，能不能从平凡而又琐碎的教育实践中，发现并提出有教育研究价值的问题，并将问题转化成课题，是教师研究的第一步。

（2）**分析文献资料**。像任何研究工作一样，选择和确定好研究课题以后，就需要围绕研究课题寻找解决问题的思路与方法，查阅文献资料，了解相关理论成果、政策依据和实践经验。这是教师研究必经的步骤。

（3）**设计研究方案**。根据研究选题和文献研究资料，教师需要按照教科研规范，制订具有较强操作性的研究方案，组织开题论证，进一步明晰课题研究目的、研究意义、研究内容、研究计划、预期成果等重要问题。

（4）**实施研究工作**。教师需要按照事先制订的研究方案，有计划、有目的地推进课题研究工作，组织教育实验，观察教育变化，并根据实际情况及时适度调整研究方案部分内容，推动教育教学问题的有效解决。

（5）**提炼研究素材**。主要体现在教师在分类整理研究过程性资料、数据的基础上，运用一定的逻辑推理方法，总结提炼促进问题有效解决的理论、方法、策略、路径，形成研究结论和经验。

（6）**形成研究成果**。在整个研究过程中，教师要注意随时收集、整理数据和资料，积累教育案例和经验，并结合相关教育理论思想，及时撰写教育随笔、案例和小论文等，提升和形成研究结论，撰写研究报告。

（7）**推广研究成果**。主要体现在教师在日常教学中充分应用研究得出的结论和经验，在实践中检验效果，并通过交流展示和成果发表推广研究结论和经验，扩大研究成果的影响力。

3.2.2 教师研究的特质

教师开展研究，无论是教研，还是科研，都能够引导教师在遇到各种各样教育问题的时候，能够跳出个人视角，跳出封闭的思维方式和判断标准，从先进教育思想和理念角度，采用合乎教育事实和逻辑规律的思维方式，分析教育问题，寻找教育问题解决的科学方案和策略。研究能够能使教师更加深刻、更加通透看待教育规律，把握"教书与育人"的教育本质，找到学科教学与立德树人的对接点，清晰理解教育问题的来龙去脉，科学分析和解决教育问题。

如果说教师开展教学研究，主要解决课堂教学"教什么"和"怎么教"的问题，那么教师开展教育研究，则主要解决"为什么这样教""教的效果怎么样"等核心问题。在实践中，教研与科研是不分家的，是有机融合在一起的，只是研究视角和着力点不同而已，都是要解决"教书与育人"这一核心问题，都要经历"从理论到实践、从实践再到理论"的循环往复的研究过程。教师研究的价值主要表现在如图 3-9 所示六个方面。

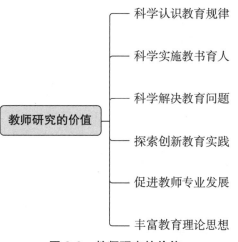

图 3-9　教师研究的价值

教师研究是基于教育实践境遇的。所谓实践境遇，就是中小学教师进行教育的学校实践场景，它既决定教师的研究宽度、广度和深度，也决定教师获得超越知识与技能的专业发展程度。真正意义上的教师研究，都是发生在实践场景之中的，需要教师在主动研究的行动过程之中，将理论与实践相结合、将课程教学与实践经验相结合，基于真实的教育实践不断地质疑认知，持续不断地发现问题、提出问题和解决问题。

教师研究应具有如图 3-10 所示的特质。

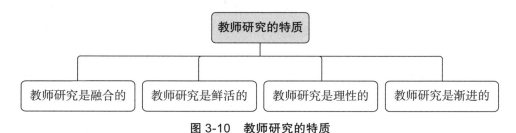

图 3-10　教师研究的特质

（1）**教师研究是融合的。**教师研究不是独立存在的，更不是远离教育实践的，而是有机融合于职业生活之中，是一种自然而然的职业行为，是教师职业的应有之义。教师的工作处处皆研究、时时皆研究，教师需要在工作中进行研究，在研究中完成工作。教师需要带着理性思索的目光观察、感悟教育，自觉用先进教育思想和理念指导教育实践，并在教育实践过程中不断改进教育方式，验证和升华教育理念，改进教育实践，成为具有理性思想的教育工作者。

（2）**教师研究是鲜活的**。教师研究不拘一格，不会拘泥于某一个教育理论思想，更不会从概念和理论出发来构建实践体系，而是从教师自身的教育观察、体悟出发，分析和研究教育实践经验，从教育常识、经验出发，研究教育实践经验，探索教育规律，形成个性化的教育风格。教师研究必然是客观的、真实的、生动的、鲜活的。教师研究可以是事件记录，也可以是策略选择，还可以是以问题解决为导向的行动研究。

（3）**教师研究是理性的**。教师研究是一项理性思索工作。像任何一项研究一样，教师研究也必然要经历从实践到理论、从理论再到实践的螺旋上升过程。实践离不开科学教育思想理论指导，理论也需要回到教育实践中接受实践的验证和检验。教师需要重视教育理论思想学习，用教育学、心理学和学习科学等思想理论，指导教育实践，反思和改进教育实践，在理论与实践的循环往复过程中，不断积累教育经验，升华教育认知与思想，形成与固化教育理念。

（4）**教师研究是渐进的**。教师职业生活是循环往复的，研究正是在这个过程中发生的。教师需要在常态的职业生活中，不断思索、实践，不断总结、提炼，不断凝练、升华等，形成经得起实践检验的思想、理念与方式。研究能够让教师日复一日的课堂教学变得妙趣横生、诗情画意。在研究过程中，教师的学识、智慧和人格魅力得到充分彰显，学生的生命也因此不断丰盈，这就是教师研究的理性魅力。教师若长期沉浸教育研究之中，反观教育教学实践，参与教育教学改革，就会自然而然提升职业的思想境界。

3.2.3　小课题研究

中小学教师的教师研究不同于专业教育研究者的研究，目的不在于形成学术成果，建立学术流派，创造知识、创造成果，而在于解决教育实践问题，是一种基于课堂教学现实的研究活动。从某种意义上看，中小学教师所从事的教科研活动，就是一种基于教学过程中的"小课题"研究，表现出研究选题微小、研究目标聚焦、研究内容具体、研究方法简单、研究成果单一等特点，是一种行动研究，更是一种问题解决式研究。

小课题研究有明确的问题针对性，是针对教育教学过程中的真实、具体问题开展的研究。研究周期比较短，也比较灵活，不拘泥于严格的开题与结题过程。

小课题研究尤其重视教师的教育随笔、教育反思、教育叙事和教育案例，强调教师要积累教育反思和案例，在反思、随笔、案例的基础上，形成教育论文，最终总结提升成教育研究成果。正如我国著名教育家朱永新教授所言："中小学教师从事教育科研，就是应该从记录教育现象，记录自己的思考，记录自己的感受开始。把一颗颗珍珠串起来，那就是一根美丽的项链。"○小课题研究让教师的研究从观察教学、分析教学开始，经历一个有意识、有目的、有计划的课堂实践过程，再在研究实践过程中反思教学、研究教学、提升教学。

小课题研究应该起于教育问题，终于教育改进，研究过程就是教育实践的过程，就是教育问题解决的过程。小课题研究能够让教师的常规教学工作富有思想，让教书变成一种科学的、理性的工作，确保教学过程的科学性和有效性，教师也在教学过程中提升了职业品位，促进自身专业的发展，而教师的专业发展最终又必然会影响教学的过程，影响学生的学习效果和质量。这样，通过倡导教师开展小课题研究，就真正能够达到"教学相长"的目的。

与专业研究工作者相比，教师从事小课题研究相对比较简单，省略了许多专业研究过程中的"程序化、形式化"的内容，更加追求"问题解决的有效策略"。一般而言，教师开展小课题研究都采用行动研究的方法，其研究程序包括提出问题、设计课题、制订计划、实践探索、反思实践、提升经验和效果评价等，不单纯追求开题和结题的过程，而是强调在实践过程中解决问题的程序，以及对解决问题实践过程的反思。也可以说，教师开展小课题研究就是在一定教育思想和理念指导下的行动解决方案。行动方案的实施过程，就是思想理念的形成过程，也是教育科研的基本过程。

小课题研究注重研究过程，但是也强调研究的成果，小课题研究要注重在研究过程中积累资料，每一个环节和每一个步骤都要积累相关的过程材料——通过方案、计划、总结、教育叙事、案例、课例、研究日志、学习笔记、资料摘记、随笔和相关学生作品等多种形式翔实地记录研究过程。这些记录过程的资料也是撰写课题研究报告的依据和展现课题成果的主要内容。

小课题研究尽管"小""真""实"，但是既然是研究，仍然强调一种合作研究，要求由几位志同道合的教师组成研究小组，也可以以年级组、学科组为单位进行。即使一些非常小的教育问题，比如，教师在教育实践中遇到一个实际问题、一个困惑、一个现象、一个学生、一种方法、一次活动等，如果要成为小课题研究的内容，仍然要强调教师同伴之间的交流合作，在反复交流讨论的基础上，不断验证自己解决问题的策略，提高分析研究教育问题的能力，形成科学的研究结论。

当然，为了确保小课题研究过程的扎实有效，一些学校也制定了校内的"小课题研究管理办法"，比如北京市海淀实验小学的"小课题管理档案""小课题研究过程手册""小课题成果发布会"等，用教科研管理的方法来确保小课题研究的各个环节，使每个步骤都真正落实，取得了非常好的效果。"小课题研究"是学校教科研管理制度的创新，也是教师专业发展的根本依托，还是促进教师专业成长不可缺少的学校内部管理机制和制度。

　　○　朱永新.致教师 [M].武汉：长江文艺出版社，2016.

北京市海淀区教育科学研究院在组织教师开展教科研活动过程中,大力倡导中小学教师开展小课题研究。为了更好地组织教师开展小课题研究,全区推广了海淀实验小学的小课题经验,帮助教师设计"问题征集卡",要求以年级组、学科组的形式建立教师"问题库",即将自己在教育教学中遇到的困惑或难题、观察到的其他教师遇到的问题、学生身上出现的新问题等记录下来,当教师想进行小课题研究时,就不会为研究什么而费脑筋了,只要从自己的"问题库"中选择当前最需要解决的问题,作为小课题来研究就可以了。

小课题研究让教师以研究的态度和方式对待教学改进工作,把研究作为中小学教师工作的应有之意,这不但不会增加教师的研究负担,而且能够调动广大教师参加课题研究的积极性和自主性。在这个过程中,教师不仅解决了教育教学中遇到的问题,还提升了自身的教科研素质,激发中小学教师参与教科研的内驱力,克服职业倦怠,提高职业的品质,真正使教科研成为教师专业成长的不竭动力。

3.2.4　教育研究的重点领域

各种各样鲜活的教育问题,既是教师工作的主要内容,也是教师开展教育科研活动的立足点。与教师职业生活相适应,教师的研究往往涉及教育理念、课堂教学、课程资源、教学评价、班主任工作和学校发展等方面,其重点领域如图 3-11 所示。像专业教育研究人员一样,中小学教师也通常以论文、案例、随笔、反思和报告等方式,将自己参与教科研的过程记录下来,固化成研究成果。

图 3-11　教育研究的重点领域

（1）**研究教育思想变革**。进入 21 世纪,以人为本的思想成为国际社会的主流思想,反映在教育领域,就是"以学生为本"的思想。"以学生发展为本"已经成为当代教育的核心理念。也就是说,学校教育要以学生发展为出发点,服务学生的全面和个性发展。教学活动的安排要有利于促进学生在整个教学过程中主动参与、全员参与和全程参与,使学生真正成为学校的主人、学习的主人。教师在教育教学活动中,能够切实把学生作为教育活动的主体,教学目标的设定要满足学生发展需求,教材和教学资源的选择要符合学生的认知特点,教学环境的创立和教学设备的选择要服务学生身心发展的需要。

（2）**研究教育实践创新**。以学生为本的思想,不仅仅是一种抽象的教育思想和理念,而且已经成为广大教师的一种自觉的教学行为。正是在这样一种思想的指导下，教师开始重新审视教师目标的设定、教学过程安排、教学资源的准备，以及教学监测与评价等。教师开展任何一项教学活动，其出发点和落脚点，都离不开学生的发展，离不开对学生需求的分析和对学生个性发展的充分关注，这是当前教育改革的一个明显特征，也是教师职业行为的一个准则，是对教育本质的回归，也是办教育的根本目的。教师对这一思想的把握，以及在这一思想指导下开展任何一项教育改革和探索，都是值得赞赏的，都具有教育学理论和实践的重要价值。

（3）**研究学科教学改革。**从某种意义上讲，教师研究既是一种基于教学过程的研究，也是一种学科教学的研究。教师在开展学科教学的过程中，遇到一系列关于教与学的问题，既有教学目标、方式和评价的问题，也有学生学习需求、情感与态度的问题，都是教学过程中的真问题，需要通过开展个案性的研究，寻求针对性解决问题的方法，真正达到改进教学过程、提高教学效率的目的。对教师而言，研究过程比研究结果更为重要，教师就是通过这样一个研究过程，来关注教育改革，更新教学观念，成为有思想、有理念、善于思考、勇于行动的研究型教师。

（4）**研究教学方式变革。**中小学的教师研究大部分是基于学科教学开展的，涉及学科教学的一些本质问题，如学科教学的目的、理念、过程、评价等，都是教师研究的着力点。大量的研究论文表明，中小学教师开展的研究，都是各个学科中的一些关键问题，这是教师研究的一个基本特点。随着教育改革的深入发展，新的教育思想、理念不断影响学科教学，比如，合作、交往、探究、体验、创新等学习思想和方式，逐渐进入学科教学研究领域，为学科教学的研究赋予新的生命力。

（5）**研究师生关系问题。**就教学论教学，往往收不到良好的教学效果，教学背后蕴藏着大量教育问题，有教师好的"教"，未必就有学生好的"学"，研究"好的教"，就必须研究"好的学"。教与学是不可分割的整体，要解决"教"的问题，首先要解决"学"的问题。学生的学习目的、态度、情感和意志力等，都是教学中的关键问题。教师的"教"到底能够对学生的"学"产生多大的影响，取决于教师与学生双方的认同与互动。教学过程是一个人与人之间复杂的交往过程，在和谐的互动过程中，产生了学生的学习活动。因此，教学本身就是一个教育的过程。好的教师不但关注教学的本身，而且更加关注教学背后的教育问题。

（6）**研究自身专业发展。**学校是教师最频繁、最重要、最直接的工作与生活场所。学校环境不佳最容易引起教师的情感和行为受挫。一般而言，教师需要学校能够帮助解决生活实际和个人待遇问题；需要有工作灵活度和自主权；需要一个和谐的工作环境；需要有专业发展和实现自我价值的机会；需要有职业的成就感和工作的幸福感；等等。这一系列的需要既有生活的需要，又有职业的需要，更有发展的需要。在现代社会中，教师越来越关注个人的需要，特别是职业发展需要，这成为教师关心的核心问题。教师专业素养研究，需要从教师专业发展的动力体系、认知体系、方法体系和情感体系等四个方面展开，寻找教师专业发展的方法和途径，最终引导教师走上自主发展的专业道路。

附：

北京市海淀区"十四五"教育科学规划课题情况分析

依据《北京市海淀区教育科学"十四五"规划 2021 年度课题指南》，充分发挥课题研究、成果转化在教育决策和教育改革发展中的作用，北京市海淀区每三年组织一次教育科研课题申报立项工作。教师研究立项课题涉及区域教育改革研究、教育教学基本理论研究、教育管理研究、课程教学评价改革研究、教师队伍建设研究、传统文化教育研究、德育与教育心理研究、体育与健康研究、美育研究、劳动教育研究、教育信息技术研究等 11 个方面，形成 263 个子课题。

通过对立项课题的题目进行词频分析，剔除连词、方位词、介词等，统计出关键词。借助微词云生成词云图，可以更加直观地呈现立项课题的研究情况。通过观察词云图（图 3-12），北京市海淀区立项课题的主题热点一目了然，分别为：实践、教学、课程、评价、教学策略、核心素养等。

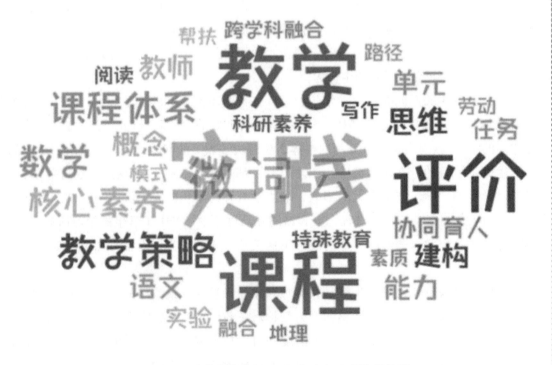

图 3-12 北京市海淀区 2020 年市级立项选题热词

通过对课题进行逐级编码、分类，发现教师的研究热点如下：

课堂教学研究无疑是第一热点，课题关注课堂教学中的教学策略问题，关注学科课程要培养的核心素养的课堂教学实践，关注学生的思维发展培养。此外，随着"五育并举"的提出，美育与其他学科相融合的跨学科融合研究也成为教师关注的焦点。

第二研究热点是课程教材研究，基于当代资源的博物馆课程开发与实践研究，是在综合考虑时代发展要求和学校课程改革方向的基础上开展的实践探索。

第三研究热点是教育评价研究，既有关于评价方式中表现性评价、增值性评价的研究，也有关注评价的内容，例如学生素质、阅读能力等的研究。

第四研究热点是教师专业发展，关于教师职业发展中的科研能力、教学过程中的课程领导力、家校中的沟通能力、师德师风建设和人力资源管理等成为研究的焦点。另外，家校合作、教育帮扶、危机干预、教学改进等诸多问题，也有少量课题立项。

（北京市海淀区教育科学研究院科研管理所　王玉珠）

3.3　研究学生发展问题

学生是教育的主体，研究教育就必须首先研究学生。中小学阶段是学生道德水平逐渐形成的阶段，是身心发展的关键时期，学生需要经历道德认知、道德情感和道德行为等不同发展阶段；也需要经历从个性成熟、人格完善，到公民意识、社会责任感和社会法律规则逐渐形成过程。这个过程离不开教师的教育、指导、帮助和支持，教师是学生健康成长的关键人物。教师学为人师、行为示范，功不可没。

3.3.1　研究学生心理问题

人的一生，从受孕的那一刻到进入婴儿期，一直到最后的老年期，会经历不同的发展阶段，每个人会有不同的发展曲线，包括生理发展曲线和心理发展曲线。生理发展曲线是指人从出生到成年，呈现一个直线上升的曲线；中年以后，人的生理机能在下降，又呈现一个下降的曲线。心理发展曲线，包括人的认知能力、个性人格、情绪情感、自我控制能力和意志力等智力和非智力因素的发展过程，比如随着人的感知力、观察力和概括力的发展，人的认知能力就发展起来了。

西方发展心理学关于人的心理发展，主要有"渐进论"和"阶段论"两种理论思想。"渐进论"认为人从婴儿到成人的心理发展是一个逐渐积累的连续量变过程；"阶段论"则认为人的心理发展不是一个连续量变的过程，而是经历一系列有着质的不同的发展阶段的非连续过程。从总的方面来看，人的心理发展是一个由量变到质变、不断矛盾运动的发展过程。人的一生，在不同时期，呈现有不同的矛盾，这些特殊矛盾的产生和解决，推动了心理发展，形成了人在不同时期的心理特征。

我国古代社会关于人的心理发展，很少有专门的研究，但在儒家思想有人的心理发展的相关论述，比如孔子曾说过："吾十有五而志于学，三十而立，四十而不惑，五十而知天命，六十而耳顺，七十而从心所欲，不逾矩。"从某种意义上讲，这也是一种人的心理发展理论。

所谓心理素质，是人在心理方面比较稳定的特点，它是心理发展水平的总和。学生德智体美劳的全面发展要以心理素质为前提，完善人格、社会适应能力、创新精神和实践能力等均以心理素质为基础。学校教育不仅要培养学生的智力和体力，而且还要培养学生健康的心理素质。如果将人的一生分为八个阶段，即乳儿期、婴儿期、幼儿期、童年期、少年期、青春期、成年期和老年期，那么人在每个阶段都具有不同的心理素质发展特征。人的心理发展具有明显的个体差异，心理发展因人而异的。教师需要从如图 3-13 所示方面研究学生的心理素质问题。

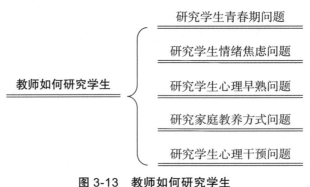

图 3-13　教师如何研究学生

1 研究学生青春期问题

在研究学生心理发展中，不可回避的是青春期的心理发展话题。一般而言，初中生大多在 12 ～ 16 岁，年龄上属于青少年早期，称为心理断乳期或危险期。此时，学生的身体内部各种器官机能迅速提高，身高体重急剧增长，体格趋于定型，形成迅猛发育的第二次生长高峰。初中生性器官发育逐步加快，第二性征出现，男女差异明显，这标志着人体发育的全面完成，初中生可以说"长大了"。这个时期处于危险期，表现为一个半幼稚和半成熟的时期，半独立性和半依赖性的时期，半自觉性和半冲动性的时期，相互交错和充满矛盾的时期，个体发展史上的关键时期和危险时期，总之是一个矛盾交织的时期。

这个时期，青春心理开始萌动，独立自我意识明显增强，自尊心、自信心、争强好胜心急剧增强，自主、自立意识迅速提高，但认识能力显著落后于独立意识和行动能力，希望得到成人的尊重和理解，但自控能力较差，情感和意志行为相对脆弱，容易感情偏激、易于冲动，思想充满着矛盾和冲突。

2 研究学生情绪焦虑问题

教师总是关注学习成绩胜过关注心灵成长。常常没有意识到，学生学习成绩出了问题，可能是背后的心理健康出了问题。在焦虑状态下，学生具有消极心理，常会有烦恼、压抑和孤独感，对人生倾向于悲观主义的态度，心情低落。在这种心理下，或多或少地想摆脱这种讨厌的生活，有些学生在冲动之下甚至会离家出走，甚至产生严重的消极抑郁心理，可能还会产生轻生的念头。

大多数危机行为都伴随着恐惧、愤怒、悲伤、厌烦、焦虑、郁闷等消极情绪，使学习和生活逐渐偏离正常的轨道。这其实是一种抑郁情绪。抑郁是一种不良的情绪状态，常常会伴有情绪低落、失望、哭泣、悲伤、失眠、活动能力减退，以及思维、认知功能迟缓等表现。在学生的初中和高中时期，教师一定要关注学生情绪焦虑的状态。情绪焦虑可能是因为学生的学习跟不上引起的，也可能是因为他没有朋友引起的。

3 研究学生心理早熟问题

伴随学生的生理成长，有的心理问题开始出现。心理问题是人在成长过程中的正常问题，是一种自我心理调节过程，没有心理问题的人是不存在的。一般性心理问题则需要"顺应"；严重心理问题则需要关注和治疗，如厌学、逃学、偷窃、说谎、作弊、自私、任性、耐挫力差、攻击、退缩、焦虑、抑郁等。心理问题是人成长过程中的正常现实，但需要教师高度关注和深入研究。

进入青春期，学生的逆反心理很重，对父母和教师的压制和说教反感，不愿意接受。而形成逆反的原因是多方面的，身体成长成熟，使学生产生"成人感"心理方面：自我意识飞速发展，青少年进入"心理断乳期"。网络、报纸、电视，各种媒体充斥者五色杂陈的信息，导致学生的心理早熟，对这些信息，他们有一定的辨别能力，但是，他们的自控能力不够，容易陷入误区。

4 研究家庭教养方式问题

在家庭的养育方式方面，通常不同的家庭有不同的家庭教养风格和方式。

权威型父母：让学生感到温暖，并为他们提供情感上的支持，但会自觉不自觉限定或影响学生行为方式。权威型父母会让学生感到很有依靠，但是这种教养方式会让学生不自觉地模仿父母的行为，或者说把父母的行为作为自己行为的楷模，于是造成学生的独立性差，没有自我，因为父母的影响太强了。

控制型父母：让学生感到不被信任，没有能力做出正确的决定，容易削弱学生的能力感。控制型父母，就是啥都想管，父母的控制性太强，照顾得太周到了，让学生挑不出来不好的地方，让学生连说不的机会都没有了。这时候学生会感到自己不被信任，没有能力来做决定，会削弱学生的能力感。

溺爱型父母：无论学生表现如何，都会不加区分加以赞誉，使学生形成错误的自尊感，而这种错误自尊感是有害的。现在家庭教育的一个误区，就是表扬表扬再表扬，赞扬赞扬再赞扬，不加分析，没完没了的表扬，这样会让学生养成一种过强的自尊感，过于自尊。一味地迁就，不能培养出人格健全、具有社会责任感和担当精神的优秀人才。

5 研究学生心理干预问题

由于青春期，学生心理偏激逆反，遇事冲动，不能很好地控制自己的行为，也容易结交不良朋友，相互之间"消极影响"。青春期的危机行为是一定需要干预的，若采用一个积极的、恰当干预的方式，必须通过教师、家长或同伴之间的积极的、适当的干预，才可以制止危机行为的发生，心理辅导、心理预防、心理干预可能是解决青少年心理问题的有效途径。

教师需要研究建立起心理健康教育预防体系，研究如何有效提升学生的情绪调节能力，满足他们获得友谊和人际交往、增强亲密关系、减少考试焦虑等的现实需求，培养学生抗压力、乐观和情绪控制能力，向学生传授更多的预防与缓解情绪的技能，主动地消解他们的认识误区和困扰，主动地帮助他们及早发现、识别和干预心理问题；引导学生正确对待自己面临的心理或生活中的问题，鼓励学生遇到心理问题时，及早向专业人员求助，形成有效解决心理困扰的经验，切实减轻学生的心理压力和负担，确保他们健康快乐成长。

中小学生学习心理品质测查指标

青少年心理品质受多种因素的综合影响，其中常见的类别包括家庭因素、个人因素和学校因素。家庭是儿童出生之后接触到的第一个重要微观环境系统，学校是儿童青少年从事学习和社会交往的重要场所，都是影响儿童青少年心理发展的非常重要的环境系统；个人因素对儿童青少年心理健康也起着不可磨灭的作用。经过分析发现，学校归属感、学习压力、情绪调节能力、家庭压力等因素对学生的心理品质有较强的显著预测作用；乐观、耐挫力、自律、教师与同学支持等因素对学生的学习品质有较强的显著预测作用。长期以来，北京市海淀区教育科学研究院与北京师范大学心理学院合作，研发北京市海淀区中小学生学习心理品质测查指标框架（见表3-1）并依据此测评工具，定期开展学生心理健康问题测评工作。

表 3-1　北京市海淀区中小学生学习心理品质测查指标框架

模块	指标名称	维度
学习心理品质	品德发展	国家认同感，奋斗观，诚实守信，同理心，亲社会行为
	学习品质	学习兴趣，学习信心，学习习惯，学业负担
	心理健康	抑郁，焦虑，自伤意念和行为，感恩，乐观，耐挫，自律，自我满意度
学习心理品质关键影响因素	家庭因素	家庭结构，家庭经济状况，家庭压力，家庭支持，亲子关系
	个人因素	情绪调节能力，留恋物品，自由支配的闲暇时间，求助意识
	学校因素	学习压力，教师与同学支持，朋友支持，学校归属感

3.3.2　研究学生学习品质

教育的目的之一就是帮助学生更好学习。如何激发学生学习动力、学习兴趣和学习潜能，如何帮助学生找到合适的学习方法和基本技能，引导学生建立自觉而持久开展学习的习惯，都是教师需要关注问题。对中小学而言，学习本身就是一种社会技能，包括自主、合作、体验、探究和实践等学习能力，在学习过程中培养学生持续的学习能力。

学习作为个体成长过程中一种相对持久的行为方式，受个体内在心理机制的调节和影响。这里使用学习品质的概念，是一项综合性概念，是反映学生学习成效和个体品质发展的一项综合指标，包括学生的认知技能和心理特质两个方面。可以说，学习品质是学生适应终身学习、未来发展所需要的必备品格和关键能力的综合体。

在实践中，学习品质既包括以学生学习结果为代表的学习成效；也包括学生在参与学习过程中所运用的方法、技能、策略和针对学习任务投入的时间等；还包括影响和维持学习过程的学生个体心理因素，如学生对学习的认知、学习的兴趣态度、学习的内驱力，以及面对学习困难时所表现出了的意志品质等。

北京市海淀区教育科学研究院着眼于学生的核心素养发展，多年来一直致力于促进学生学习能力培养的实践研究，提出中小学生学习品质的概念，力图将学习过程中的智力因素和非智力因素有效整合起来，研究学业成绩与非智力要素之间的关系，建立基于学习品质为核心的教育评价体系，见表 3-2。学习品质评价改变了原有以学科知识为核心的评价观念，着眼于学生适应未来发展的学习能力。通过学习品质总体指数反映教育质量，既关注学生的学习成效，又关注学生的个体品质，可以说是一种全面发展的质量观。

表 3-2 2017 年北京市海淀区中小学生 "9L" 学习品质评价体系

要素	一级指标	二级指标	关键指标
个体品质	学习动力	学习兴趣	非学科兴趣
			学科兴趣
		学习动机	外在动机
			内在动机
			缺乏动机
		学习效能感	自我效能感
			学科效能感
	学习能力	思维能力	创造性思维能力
			批判性思维能力
			自主学习能力
			合作学习能力
		学习策略	认知策略
			元认知策略
			资源管理策略
	学习意志力	学习坚毅	持续努力（毅力）
			长久兴趣（热情）
学习成效	学业负担	负担感受	校内负担感受
			校外负担感受
		应对方式	问题应对
			情绪调节
	学业效果	学业成就	知识积累
			能力发展
			实践创新

学习品质评价体系关注影响学生学习发展的 5 大系统和 9 个维度，如图 3-14 所示。学习认知与体验系统、学习兴趣与动力系统、学习方法与能力系统、学习维持与监控系统重点关注学生个体品质部分，是影响学生学习的重要心理特质，而学习投入与成效系统更多表现为学习的成果，是学生学习成效部分，包括学习负担和学业成就。从图 3-14 可以看出，学习品质系统是反映学生学习素养的一个综合系统，涵盖影响学生学习的诸多要素，它是学生适应终身学习、未来发展所必备的重要潜质和品格。

以北京市海淀区 2018 年学生学习品质区域测评数据为例，学生个体品质测评问卷分别采用内部一致性信度系数（alpha 系数）和验证性因素分析作为信度和效度指标。例如在区域报告中，将学生学习品质按照等值技术划分为四个水平级，从低到高划依次为"水平一"至"水平四"，分别对应待达标、合格、良好、优秀。如图 3-15 所示，区域学生整体学习品质处于水平四的比例为 41.1%，处于水平三的比例为 48.5%，处于水平二和水平一的比例分别为 9.7% 和 0.7%，这有利于整体了解区域学生群体发展情况。

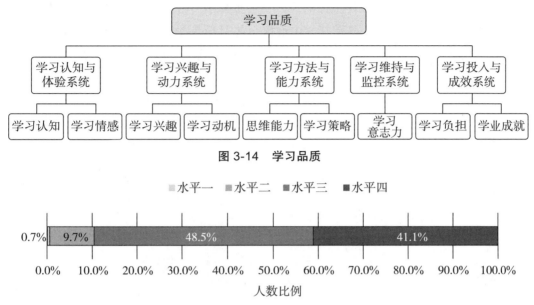

图 3-14　学习品质

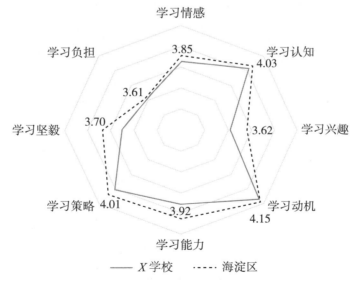

图 3-15　区域学生学习品质水平分布

从图 3-16 可以看出，X 学校学生学习品质从各维度与区域均值相比，其学习兴趣、学习坚毅、学习能力差异较大，学习动机、学习负担、学习认知接近区域均值，这也提示了 X 学校要重点关注学生的学习兴趣激发、意志力培养和学习能力提升。

图 3-16　X 学校学生学习品质在各维度上表现情况

图 3-17 给出了 X 学校学习品质发展的优势和改进方向。其中"双优区"表示某学校学生群体个体品质和学习成效均在区域均值之上；"单优区"表示某学校学生群体个体品质和学习成效均在达标线之上，且个体品质或学习成效中有一项超过区域均值；"双良区"表

示某学校学生群体个体品质和学习成效均在达标线之上，但与区域均值还存在一定差距；"待提高区"表示某学校学生群体个体品质或学习成效有一项在达标线之下，亟待提升。图3-17左图中 G 校处于双良区，显示其学生群体个体品质和学业成绩都有待提高，可以通过提高学生的个体品质，进而带动学业成绩提升的改进策略来发展。图3-17右图中 H 校处于单优区，显示其学生群体个体品质较好，学业成绩待提高，说明该学校问题可能出在课堂教学方面，需要从教学方法、课堂效率、作业布置等方面去寻找改进突破。

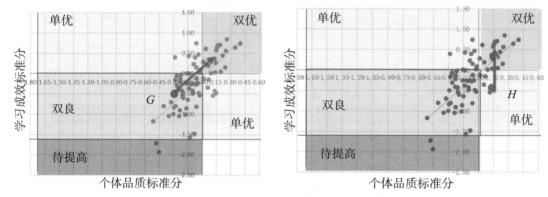

图 3-17　G、H 学校教育教学的优势及改进方向

3.3.3　研究学生发展指导

学生发展离不开教师的教育和指导。教师承担着学生服发展指导的任务，学生发展指导包括个别化指导和班级团体指导。指导、教学与管理都是现代学校最基本教育方式，指导本身就是教育，但在现代学校大班级教育前提下，课堂教学以其集约化、操作化、高效率等特点，逐渐成为主流教育方式，而"指导"这种更有成效、更注重个别化的教育方式，却逐渐被忽略了。教育离不开个别化指导，个别化指导不仅仅是班主任的工作，应该是全体教师的工作任务。研究学生发展指导是教师工作的应有之义。

《国家中长期教育改革和发展规划纲要（2010—2020 年）》中指出："建立学生发展指导制度，加强对学生的理想、心理、学业等多方面指导"，这是我国政府文件中首次提出"建立学生发展指导制度"，也成为各个地区开展学生指导工作的政策依据。近年来，全国各地在实施高中新课程新教材的过程中，迫切感受到高中学生发展实施学生发展指导工作的重要性，纷纷探索建立高中学生发展指导工作体系，集中开展学生生涯指导、选课指导、职业指导和人生指导等工作，将学生发展指导作为高中德育的主要工作之一。实际上，指导作为一种教育方式，存在于各个学段，中小学教师都需要开展学生的个别化指导工作，即学生发展指导工作。

所谓学生发展指导，泛指教师通过有目的、有计划的指导活动，为学生的品德、学业、心理、生活和生涯等提供专业化指导服务，使学生能够良好地适应学习与生活、健康成长与发展。最初的学生发展指导源于 19 世纪末 20 世纪初，主要是以职业指导的方式出现，为学生将来升学、就业与职业发展做准备，服务学生的职业规划与发展。进入 20 世纪后，学生发展指导已经从职业规划指导走向学业、心理、生活、升学、就业等全方位指导，其中心理发展、学业发展以及人生（或生涯）规划等指导成为学生发展指导的核心内容。

我国古代传统教育向来高度重视学生发展指导。"指导"是我国私塾或书院教育常用的教育方式。孔子所倡导的因材施教、启发式教学，在某种意义上就是学生发展指导，强调根据学生性格特征进行个别化教育辅导。传统书院教育强调："书院如家庭，师生如父子"，实际上所开展教育活动也是个别化指导，主要包括对学生的学业指导、思想指导和人生指导等。随着时代的发展，学生发展指导也被不断赋予新的时代内涵，逐渐从辅助教育方式走向主流教育方式。

长期以来，"指导"这种学校教育功能得不到应有的重视，存在着"重管理""重教学"而"轻指导"的倾向。由于指导功能的缺位，学校教育往往导致极具伦理性、温和性、人文性的教育功能缺失，难以满足学生个性化、多样化的发展需要。这就要求教师重新认识"指导"的教育价值，重建"管理、教学与指导"并重的学校教育功能。科学的学生发展指导工作需要遵循学生成长规律，满足个性化的发展需求，促进其健康成长。具体说来，学生发展指导主要包括如图 3-18 所示内容。

图 3-18　学生发展指导内容

（1）**品德发展指导**。品德是人在处理人与他人、与集体和与社会关系上应普遍遵从的道德准则，表现出是非、荣辱、正邪、善恶的根本标准。德育的内容包括道德教育、思想教育和政治教育等，包括一是基本道德行为规范的教育；二是公民道德与政治品质的教育；三是较高层次的世界观与人生观、理想教育等。中小学阶段是学生道德认知、道德意识、道德习惯和道德行为形成的关键时刻，也是学生的人生观、价值观和世界观等逐渐形成重要时期，面临着学习、生活和成长等多种要素交错组合，需要教师遵从因材施教原则，从学生的思想认识和品德发展的实际出发，根据他们的年龄特征和个性差异进行不同的教育指导。进行德育教育要循循善诱、以理服人，从提高学生的认识入手，充分调动学生的主动性和积极性，使每位学生的品德都能得到最好的发展。

（2）**心理发展指导**。学生心理具有稳定性和发展性的双重特征，一方面其性格、个性、气质、素质等有相对稳定一面，另一方面兴趣、动机、情绪、意志力等，又都具有发展的阶段特征，需要教师结合学生心理发展的个别化需求，进行适当及时的心理辅导、心理干预和心理指导，帮助学生获得积极的心理体验和强大的心理弹性，能够应对学习与成长发展过程中的困难、问题和挫折，促进学生积极健康成长。心理发展指导应包括促进学生自我意识、人际交往、情绪管理等方面内容，还应包括针对学生认识人际关系、处理异性同伴交往等方面的心理指导。教师心理指导既有对学生的心理问题诊断、心理干预、危机化解、补救性指导等工作，而更多的是通过心理课程、心理活动、心理辅导等工作，使学生获得一定的心理适应与抗挫能力，不断提升学生心理健康水平。

（3）**学业发展指导**。学习是学生的主要任务。学生在学习过程中既要获得良好的学习成绩，同时又要培养自己持续的学习兴趣、动机、方法和能力，这是学生学习的主要任务和目标。教师需要根据学生的兴趣爱好以及未来社会发展要求，对学生学习兴趣与动机、学习计划与方法、学习意志力与品质、学业负担与压力应对、自主学习水平与能力等进行指导。学业发展指导除了包括各个学科思维方法、学习时间规划、学习过程安排、学习潜力开发、学习效果评价、创新学习能力培养等全过程指导，又包括对学生进行学科学习的情感、态度和价值观等指导，引导学生了解学科发展的历史过程及研究方法，同时还要对学生进行理想信念和社会责任感等文化素养的教育和指导。

（4）**生活发展指导**。学生发展指导要围绕学生的现实生活展开，包括对学生身体健康、生活习惯、娱乐休闲、家庭关系、朋友关系、生活适应等多方面问题的指导，还应包括开展促进学生形成独立生活意识、积极乐观心态、良好行为规范和健康生活方式、提升自我保护能力等方面的指导。在生活指导方面，尤其要关注对学生的家庭亲子关系、师生关系和同学关系等指导。学生时代是逐渐社会化的过程，教师需要指导学生处理好人与人、个人与集体、个人与社会的关系，培养学生团结、合群、乐观、向上等积极心理品质与能力。

我国学生发展指导工作还处于初步探索阶段，尚未建立起广泛被认可的、成熟的学生发展指导制度，大多数地区和学校尚未全面开展学生发展指导工作。现有学生发展指导工作，都只是零散分布在德育、班主任教育管理、心理教育等工作之中，没有一套相对完整的学生发展指导体系与制度，无法有机整合与配置人力、财力、物力及其他多方资源，无法真正将学生发展指导渗透于学校制度建设之中，从而最大限度地发挥指导效果，促进学生全面发展。因此，需要更多教师研究学生发展指导的内容、理念和模式等问题。

学生发展指导不仅仅是专职教师的职责，更应是教职员工全员参与的工作，不同的角色承担不同的工作任务和职责，要做到将学生发展指导渗透到日常教育之中，渗透到学校的整体文化氛围之中，这需要全体教职员工的共同参与，包括学校领导、心理教师、普通教师、学校管理人员等，不同人员各司其职，分工协作，共同营造促进学生积极发展的校园环境。应该看到"学生发展指导"目前还是一个新鲜词汇，还没有走进我们的教育生活，被广泛认可和接受。学生发展指导研究，还需要一个漫长的实践探索过程。倡导教师开展学生发展指导研究势在必行。

CHAPTER 04

第四章　教师研究需要什么样的思维能力

我国著名教育家吕叔湘说过："经常钻研一种事物的人，容易就事论事，把注意力局限在许多具体问题上，如果能够稍微拿出点时间，站远些，站高些，对所钻研事物的整体作一鸟瞰，包括它的背景和前景，一定能够获得对那个事物的更通达的理解，能够按照实际的、长期的而不是表面的、短期的需要安排自己钻研的力量。"[一] 教师研究需要这种"居高临下、鸟瞰全局"的思想境界，需要从教育根本任务出发，着眼于教育目标与任务，来纵观教育教学的改革与发展，基于教学而又超越教学，研究和解决教育现实问题。

4.1　教师研究的思维特质

研究是一种思想活动，研究需要独有的思维品质、思维特征和思维方式。人的思维产生于个体看待事物的原有观念。观念的产生受到多方面因素的影响，其中一个重要的因素是个体经验和思维习惯。个体经验和思维习惯导致教师对教育改革有着潜在排斥。而要打破教师惯性认知状态与思维习惯，却是一个复杂而又漫长的过程。

4.1.1　什么是教师思维

"思维"在《词源》中的解释是："思索，思考"。我国著名科学家钱学森倡导的思维科学，更关注思维的过程性，将"思维"定义为人接受信息、存贮信息、加工信息以及输出信息的活动过程，他认为思维是一种概括地反映客观现实的过程。思维是一种深层次的认

　　一　王世堪.语文教育论文选[M].南宁：广西教育出版社，2006.

知活动，它起源于人类对现实问题的认知与思考，是对客观事物进行逻辑推理与反复验证，最终提出解决问题方法的复杂思考历程。

教师思维是指教师面对各类教育问题时，运用自身的教育知识和社会经验，采用科学思想方法和认知策略，进行反复思考、推理、论证、反省，并解决问题的过程，是教师内在的思想活动过程。20世纪90年代起，随着我国基础教育改革的深入发展，教育理论界开始研究教师思维问题，从教师职业角度分析教师思维方式的专业性和独特性。20世纪90年代的教育理论界聚焦教师思维的本质与规律，认为教师思维是教师的一种高层次的能力⊖。

4.1.2　教师的思维习惯

思维产生于个体看待事物的原有观念。观念的产生受到多方面因素的影响，其中一个重要的因素是个体偏好，以及个体对已有习惯和经验的遵从。教师已经习惯了传统的讲授课文、管理学生的方式，形成相对固定的教学方法和教学技巧，很多新教师的授课方式和教学理念，更倾向于"复制"老教师的经验与做法，并且这种方式与其多年教育经验相关，一旦形成相对稳定的思维方式，就很难改变，这样对新的教育理论和改革就会存在潜在排斥作用，这是一种习惯使然。

教师思维习惯往往与个体受教育的经验紧密相关，比如"我上学的时候怎么样""我的老师怎样教"等，这种代代相传的教育经验，严重影响教师个体思维习惯和职业方式，使其带有浓厚的经验主义色彩。由于学科分化的加剧，教师大多数受学科专业教育影响，带有强烈学科思维方式，比如物理教师与地理教师，在思维方式与教学模式等方面存在明显差异，各自都有其固有的学科思维方式，并且根深蒂固，反而对于通识性的教育心理学理论，则仅仅停留在操作层面，缺少对理论的追问和重构。在教学过程中，喜欢模仿老教师的教学方法，比如，如何写教案、如何组织教学、如何布置作业等，形成相对稳定的教学经验和教学技巧，在学科教师之间代代传承。

甚至容易把任何一项教育改革都看作是"节外生枝"，认为没有必要改变原来的思想理念和行为模式，期待学生按照"师兄、师姐"的模式进行学习，否则就埋怨学生"一届不如一届"。这种固化的教学方式让一些教师安于现状，而不愿意探寻教学变革。由于思维定式，他们难以转变教学理念和行为，"会以不变应万变"，重回原有的教育行为模式之中。

杜威在《民主主义与教育》一书中强调："人类生活就是经验的自我更新与延续过程"⊖。经验可以帮助人们在日常生活中更快地提出问题解决的方案，教师常常基于自身的受

⊖　顾明远.教师思维是属于教师高层次的能力——《教师思维论》序 [J].连云港教育学院学报，1994（4）：6-7.

⊜　杜威.民主主义与教育 [M].王承绪，译.北京：人民教育出版社，2001.

教育经验，来理解和处理现实的教育问题，但是对经验的过度依赖会使教师陷入思维定式，让教师思维发展进入停滞状态。

中小学教师的工作环境相对封闭，所依赖的教学资源大多是教科书，工作方式局限于"备课—授课—布置作业—批改作业"等。在这个循环重复的教学过程中，积累了相对稳定的、可以重复的教育实践经验，形成相对固化的思维方式。面对新兴教育思想与改革，会产生疑惑、抵触情绪，认为一些教育教学改革都是没有必要的，固守原有教育经验和教学方法，以不变应万变，很难关注到学生能力的差异，并根据差异帮助学生实现全面发展。这种固化的教学经验与思维方式，会影响到教学设计与流程的创新，形成模式化的教学方法。

20 世纪前期，苏联教育家伊·安·凯洛夫师承赫尔巴特派，强调知识的系统学习和教师的主导作用，创立了"凯洛夫五环节教学法"，如图 4-1 所示。凯洛夫教学法的引入，为我国现代教育教学体系建立做出突出贡献，促进了我国教育长足发展，其强大影响力一直延续到今天，影响着今天中小学教育模式，形成了一种强大惯性

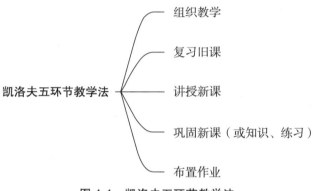

图 4-1　凯洛夫五环节教学法

力量，在一代又一代教育人中流传，成为当今我国基础教育普遍流行的教育模式。尽管几十年来，教育教学改革风起云涌，但要真正突破这种现有的、已经固化的教育模式，还是很困难的。对于大班级学科教学而言，只可能是一种渐进式的变革，要想彻底推翻，既是不可能的，也是没有必要的。

要转变教师的思想观念，关键是提高教师科学思维能力。所谓教师科学思维能力，就是指教师在教育教学的过程中，表现出来的遵从教育规律、把握教育本质及其相互联系的科学思维方式，既包括对教育对象成长发展规律的充分尊重，也包括对教育内容课程教材的归纳、演绎、推理、检验、实践、评估等。如何引导教师学习科学的教育心理学理论，运用科学思想方法，解决职业生活中形形色色的教育实践问题，努力克服教育实践中"严重应试教育倾向"，树立科学教育观、教师观和学生观，研究教师科学思维能力至关重要。

4.2　教师研究的科学思维能力

教师做研究，需要科学思维能力，需要充分理解教育理论、教育实践和教育创新，正视理论和实践的内在逻辑关系。科学思维能力既可以帮助教师理解并转化复杂的教育心理

学理论，也可以帮助教师以更科学、理性的视角关注教育实践，指导教师采取更专业的教育行动，最终促进学生快乐健康成长。

4.2.1 教师研究的思维特质

思维能力是智力的核心要素。人的思维能力受先天、后天等两种因素影响，是一个终生都在发展变化的过程。它是在很长一段时间里逐渐发展的，从年轻时开始，一直持续到晚年。思维能力发展程度，集中表现为敏锐性、活跃性和成熟性等不同特质。思维的成熟性，表现为具有独立思考能力，对事物的看法有自己的观点和见解。一般而言，思维能力包括的内容如图 4-2 所示。

图 4-2　思维能力

教师研究的思维能力，不单纯指教师学科思维或教育思维，而是一种综合性思维能力的体现。这需要教师有相对应的知识储备，并能合理运用多元的思维方法解决问题的能力。教师应当对各种思维方法具有清晰的认识，把握其中优劣，有选择地综合不同的思维方法。

所谓研究思维能力是指发生在较高认知水平层次上的心智活动或认知能力，表现为分析、综合、评价和创造等能力。对教师而言，主要指教育创新能力、问题解决能力、决策判断能力和批判性思维能力。教师要培养学生的研究思维能力，就必须自己先具备一定的研究思维能力，才能够实施具有研究思维含量的课堂教学，进而培养学生的研究思维能力。优秀教师的思维具有如图 4-3 所示的特质。

图 4-3　优秀教师的思维特质

（1）**教师思维的抽象性**。要求教师在考查问题时要遵循严格的逻辑顺序，强调教师的逻辑推理能力，这是一种认识客观事物与事实的科学思维方法。而这种过程，就是抽象思维的过程。抽象思维可以帮助教师把思想从错综复杂的教育现象中概括出来，探索教育现象背后的教育规律，做到对一般性教育事件的概念化认识，经过抽丝剥茧的思维加工，进行理论逻辑上的推理与论证，进而形成科学的认识。

（2）**教师思维的敏锐性**。要求教师从人们司空见惯的现象中洞察学生的思维，从转瞬即逝的变化中判断学生的情绪，从变化莫测的行为中把握学生的内心动机，从而了解学生心理，发现问题、解决问题，抓住各种教育契机，实施因势利导和因材施教。敏锐性是教育教学活动的前提，能够确保教师清醒而又及时调控教育过程，提高教育活动的精准性和有效性。

（3）**教师思维的精细性**。要求教师能够明察秋毫、见微知著，能从笼统的事物特征中区分细微特征，能够从变化多样的行为表现中透视学生微妙的心理变化。这就需要教师具有良好的观察力、专注力，能够专注学生，从观察中获得信息，并对各种信息进行思维加工，最终形成教育判断和决策。精细性是教师思维品质的重要特质。

（4）**教师思维的实践性**。教育问题具有实践情境性，教师需要结合具体情境进行自主判断，这样的判断往往需要经历一个复杂的思维历程。教师需要运用发散思维，针对情境中的问题进行多角度分析，筛选出解决此问题的适用方法，制定出行动方案并做出尝试，不断建构对问题的理解，在循环往复的实践中总结规律，抽象提炼，排除不相干的因素，归纳总结出最佳的解决方案。

（5）**教师思维的创造性**。强调教师思维的严谨性、逻辑性和批判性，要求教师依据一定的目标、原则对教育问题做出价值判断，以客观、公正和审慎的态度来辨识和消除偏见，教师思维的创造性表现为对已有教育思想的再创造、再实践，对传统思维模式的再改变、再创新。在思想方法的创新过程中，教师突破教育陈旧、僵化模式，不断提升其教育理论素养，主动进行教育理论的学习、迁移和应用，主动改进与创新教育实践。

（6）**教师思维的反思性**。反思就是指教师对某个问题进行反复的、严肃的、持续不断的深入思考。教师需要利用反思不断地对自己进行审视、质疑与挑战。理性认识的前提是强烈的反思意识，如果教师不能发现教学情境中的问题，并对此进行持续且深入的关注，之后的教师思维也就无从展开。教师要重点反思教学过程与教学效果，并在获取事实材料的基础上，进行分析和判断并采取相应行动，以达到改进教学的目的。

4.2.2　教师研究的理论思维

何谓教师理论思维？恩格斯在《自然辩证法》一书中提出过"理论思维"，他把理论思维看作一种与生俱来、又需要后天培养和发展的素质，是"理论化形式与唯物辩证法内容的有机融合"[1]。在教育学领域，常常把理论思维定义为"思维的一种形式，这种思维形式的意义在于发现事物之间的联系"[2]。

理论思维涉及分析、判断、评估、比较、对比和检验等能力，作为一种高品质的思维方式，又具有概念化、系统化、逻辑推理性等特征。教师研究离不开理论思维能力，离不开对抽象、系统教育学和心理理论的学习、理解和领悟能力。教师理论思维既具有理论应用实践的特征，又具有理论思维的一般特征，而且更具有实践指导性和应用性等特征。

理论思维与经验思维的重要区别在于：理论思维背后的依据更科学、逻辑更严密，并且可用严谨的科学手段进行论证，它既包括对教育内容和教育问题的深入挖掘，也包括贯穿在教育探索和理论转化中的一系列逻辑推理过程，如归纳、演绎、假设检验、概念形成等[3]；而经验思维，容易停留在表象性、经验性层面，而对教育现象背后的逻辑则缺乏深入分析和探究的意识与能力。具体说来，对于教师研究而言，理论思维具有如图 4-4 所示的价值。

图 4-4　理论思维的价值

（1）**提升教师研究的理论程度。**教师经过系统化教育理论学习之后，就更容易认知、理解和接受某一种教育理论的框架结构及思想体系。例如，理解和接受了建构主义教育理论之后，教师就会自觉运用其研究学生认知发展和课程教材建设等问题；用建构主义思想分析教育实践问题，进一步增强对理论概念的深刻理解，重新认识与分析实践命题，更加趋近问题解决的本质。如果教师能够有意识将理论思维运用在复杂的教学情境中，通过寻找教育问题背后的逻辑，把教学行为、教学过程与教学理论紧密结合，找出它们之间的内在联系，探索与解决问题，这样教师就具备了基本的理论思维。

（2）**提升教师研究的抽象程度。**理论思维能够使得教师思考问题的方式更加"一般化"，即善于将特殊现象凝练为一般规律，而不仅是就事论事地思考特殊化的实践问题。教师理论思维既具有中介性，又具有转化性，它是推动教育理论到实践转化的中介桥梁。优秀教师常常也用自身的教育行动诠释了教育理论，形成理论与实践转化融通的教育场景。例如，当代著名小学教育家斯霞始终基于教育实践，在真实的教育情境中创造了"随文识

[1]　李淑英. 恩格斯关于理论思维的阐释及价值 [J]. 人民论坛，2021(7):78-80.

[2]　陶西平. 教育评价辞典 [M]. 北京：北京师范大学出版社，1998.

[3]　汪欣月，赵明洁. 教师思维的科学品质及其提升策略 [J]. 教育探索，2020(9):75-78.

字"的教学方法并践行了"童心母爱"的教育思想○。我国中小学情境教育创始人李吉林是善于反思的实践家，是"教学即研究"的典范，她创造的情境教育理论既有坚实的教育实践基础，又有深厚的理论基础○。因此，教师理论思维除最基础的指导教育实践的作用外，还能将实践中的经验提炼、转化、创生为结构性的教育理论，这是教师理论思维中比较高级的状态。

（3）**提升教师研究的系统程度。** 教师通过阅读经典理论书籍，学习教育理论思想，逐渐系统理解和掌握某种教育理论思想体系，尝试运用理论工具解决实际问题，并在同伴分享和交流中将内隐的个人知识与经验外显化，反复实践并逐渐建立起系统化、结构化的教育教学主张或思想理论体系，形成一定程度的理论思维。之后再回到教育实践中开展情境化的教育实践研究，通过案例分析法和课题研究，进一步提升自身的理论思维程度与水平。这样反复实践，反复提升，就逐渐超越具体的、个体化的经验，能够进行概括、凝练和总结，实现教育理论与实践的转换融通，达到教育理论与教育实践紧密结合的最佳境界。同时，在教育实践的过程中，教师逐步完成自身教育思想体系的系统化升级。

（4）**提升教师研究的科学水平。** 教师从弱逻辑性的经验思维发展为强逻辑性的理论思维，引导教师将教育教学经验的反思，生成可论证的教育概念与命题，帮助教师创生个性化的教育理念，这是提高教师理论思维的根本路径。只有当教师形成了独有的教育观念之后，才具有真正开展教育科学研究的能力。中小学教师研究常常表现为教育学视野较为狭窄，学术观点评述不够深入等；在论文写作时逻辑结构混乱，教育语言使用不规范等；问题意识薄弱，深度思考能力不足等，这些现象的核心原因就在于教师理论思维能力不高。因此，只有帮助教师克服理论思维的惰性，增强其批判性思维能力，引导其多思考、多提问、多质疑、多反思，不断提高其问题意识与创新思维，才能够从根本上改变教师研究低水平循环的现状。

（5）**提升教师研究的学术能力。** 教师借助理论的力量，对内则是更好地清晰自己的思维，对自己的内在教育动机、外在教学行为进行批判性反思；对外则是对社会现状、教育政策、学校教育、课程教学进行批判性反思等。缺少反思、批判的教师思维就会形成机械性思维，容易陷入"教条主义"。批判性思维是理论思维的核心要义，缺乏批判性思维就无法谈及理论思维。同时，如果教师处于"理论失觉"状态，那么就难以完全开展批判性思考，进而难以进行教育研究。教师如果仅仅局限于对教材内容和前辈经验的学习，局限于对教学设计和学生成绩的经验反思局限于对学科知识和学生心理的经验研究，那么难以拓展教师研究的学术高度、宽度和深度，难以提高教师研究的学术水平。

○ 斯霞，等.斯霞文集[M].南京：江苏教育出版社，2010.

○ 教育部师范教育司.李吉林与情境教育[M].北京：北京师范大学出版社，2005.

4.2.3　教师研究的实践思维

近代以来，受技术哲学影响，教育研究出现了浓重的科学主义色彩，实验教育学、智力测量运动便是其中的典型代表。客观而言，注重实验、测量、观察的实证主义教育学确实大大提升了教育实践的科学性，为教育实践的展开提供了科学依据。然而，教育研究如果单纯依靠科学实证主义范式及其方法，教师就容易忽视教育实践的文化性、历史性和人文性，即忽略教育实践的社会文化背景、具体时空情境，特别是受教育者的个体差异性，导致以科学实证主义方法形成的普适性教育理论存在不可避免的缺陷。对教育现象的简单归类、归因只能让鲜活的学生个体淹没在宏观统计的平均数、相关系数、因果关系、差异显著性中，最终的评估结果在宏观上很科学，但在教育实践中却显得空洞无力。

对于一些偏激教育理论工作者而言，似乎"教育实践"就是教育研究的对象，把教育实践中的现象与问题看成一成不变的、静态的、静止的"研究对象"，需要根据理性逻辑推理审视、指导和改进教育实践。似乎教育实践就是一个简单的"生命体"，可以任意浇灌、栽培、修剪和培育，尽管教育理论能够为教育实践的顺利开展提供逻辑框架和操作体系。然而，教育实践不是按照理性推演的逻辑展开，以纯粹理性推理的方式解释并指导教育实践，往往造成对鲜活的、整体性的、丰富多彩的教育实践作预设性的、解析性的、片面性的解读。

教师研究不同于教育理论工作研究，它是基于实践、服务于实践。实践是教师研究的起点、对象和场景，也是研究的终点、成效和成果。实践是检验教师研究的唯一标准。在教师研究中，实践绝对不是静态的存在、纯客观的事实，而是情境性、动态的、生成性的，教育实践中的每一个要素，特别是每一位学生、每一位教师，都是具有独立性、自主性、能动性的主体力量，他们的思想、认知、情感、态度和价值观等，都会影响教师的实践进程，进而左右教师研究的目标、方向、内容、方法、成效和成果。

教师研究必须依托实践、尊重实践，把教育实践视为"火热场景"，具有强烈的实践思维。所谓实践思维，就是教师依照感官得来感性知识，相信经验的可靠性，遵从传统教育常识，透过具有鲜活性、变化性、情境性的教育现象或教育问题，分析和探索教育规律本质，不把复杂的教育实践作简单化、静态化的处理。

教育实践是一个复杂的变化过程，这其中除了人的主动性以外，还有复杂的社会关系，教育与生活、社会、政策等紧密相关。教育实践就是一个丰富多彩的"小社会"，教育实践既有理性、智慧性的一面，又有非理性、情感性的一面。而后者在情感、态度、信念、价值等非理性、情感性因素方面对教育改革与发展的影响，有时甚至超过理性和智慧性的一面。比如教师在研究学生学习负担时，有时候感性认识就超过理性认识，忽而强调教育质量的重要性，忽而又强调学生自由生活的重要性。

教师研究的实践原则如图 4-5 所示。

（1）**教师研究必须尊重真实教育实践。**教育实践中存在诸多非科学化的成分，需要以

"科学理论"对其进行改造，使之科学化。这就使得研究者容易对教育实践活动持有一种过激的批判态度，看不到教育实践中富有想象力、创造力和生命力的生动鲜活、多姿多彩的教育现象，看不到个人经验、默会知识、实践性知识的教育价值，从而将教育实践简单化、平面化，抹杀教育本身的复杂性和丰富性。教师研究要基于自身的深度介入、深刻体验和亲身感悟，能够揭示师生身心发展的真实逻辑，提出真正有助于提升教育质量的实践策略，彰显教育研究的本真追求。

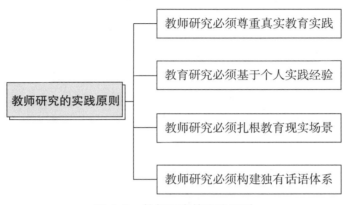

图 4-5　教师研究的实践原则

（2）**教育研究必须基于个人实践经验。**实践研究要高度重视基于感同身受的体验、理解的个人经验，而非仅仅局限于理性逻辑推理或科学解释。人的身心发展轨迹数据可以通过观察、测量、实验等获得，但是这些数据背后所蕴含的广阔社会文化背景、具体的教育时空情境以及人身心发展的现实水平等，都需要依据个人实践经验来获得，需要开展细致入微的个案分析和经验总结研究。只有回归教育实践场景，揭示教育实践的复杂性和丰富性，揭示学生发展的多样性和差异性，才能构建出具有灵活性、人文性的教育问题解决方案，形成切合实际的教育理论思想体系。

（3）**教师研究必须扎根教育现实场景。**教师研究不能脱离教育实践场景，更不能用高高在上的理论思想去俯视教育实践。教师要去感受、去体验、去理解丰富多彩的教育实践，去发现实践中的教育智慧，去感受学生的生命律动，进而洞察教育现象的生成与发展背后的价值依据。教师研究要尽可能采用叙事研究、个案研究、行动研究等质性研究方法，真正深入教育实践，通过感受、理解、体悟教育实践，才能真正揭示教育实践的完整面貌，挖掘教育实践的意义。

（4）**教师研究必须构建独有话语体系。**教师研究不能一味迎合教育理论的逻辑框架及话语体系，不是纯粹构建教育知识体系的学理性研究，不是轻视甚至忽视教育实践的微观、部分或局部的点滴创新，而是具有强烈的实践关怀、关注鲜活教育生活中人的成长和发展的研究。教师研究就是要深度体验教育生活、充分对话教育实践，积极挖掘具体教育问题解决过程中涌现出的教育实践智慧，总结和提升这些教育智慧，并在此基础上构建反映教育实践面貌的教育研究话语体系，让教育理论真正触动、改变乃至指导教育实践。教师研究在呈现方式上特别是话语表达方式上，要采取生活化、情境化、个性化的语言，善于运用比喻、排比、对比等修辞手法言说教育实践及其内在机理，从而提升教育实践者对教育的认识和理解，在教育实践中更加智慧地行动。

4.3 教师研究的思维方式

我国基础教育领域，从2001年开始的第八次课程改革，到2014年首次提出"核心素养体系"，存在许多新的教育思想和理念变革。对教师而言，这是一个艰难的教育思想理念转变过程。任何一项教学行为，都是在一定思想理念指导下完成的；而教学行为背后，则是教师思维方式的转变问题。教师思维方式决定其工作方式。

什么是教师的思维方式？

思维方式是一个人长期形成思考问题的基本方法和模式。教师的思维方式是教师对包括教育在内的整个社会以及人与教育活动之间关系的根本观点和根本看法，是教师认识世界的方式⊖。

思维方式是连接教育理念和教育行为的中介。思维方式是教育行为的先导，教育行为是思维方式的外部表现，如图4-6所示。思维方式影响着教师对教育、学生和自身的认识，教师的思维方式以内隐的方式对自身的教育行为起着定向、指导、规范、选择和决策的作用，是促进教师发展和完善的强大武器。

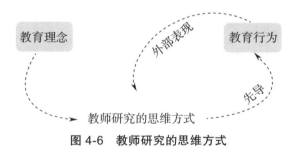

图4-6 教师研究的思维方式

教师研究的思的维方式影响着教育目标的确立、教育内容的选择、教育方法的运用、教育活动的组织和教育结果的评价。科学的思维方式，不仅可以提高教师的专业素质，而且影响着教师对自身的使命和责任的认知，促使教师客观公正地认识学生，准确地把握学生的成长规律。教师的思维方式会影响学生的思维方式。教师的逻辑性思维和创造性教育行为，能够有助于学生良好思维品质的形成，这也能提高学生的认识水平和思维能力，改

⊖ 魏为燚，陈国平.论新课程背景下教师思维方式的转变[J].教育理论与实践，2007(4):28-30.

进学生的思维方式、学习方式，提高学生的学习质量。

具体说来，教师研究需要避免如图 4-7 所示的思维方式。

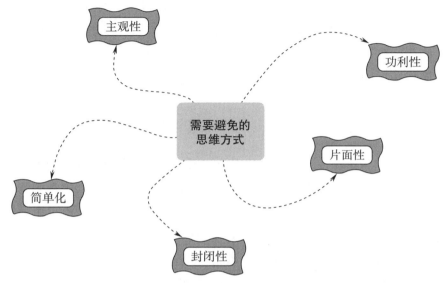

图 4-7 教师研究需要避免的思维方式

4.3.1 教师研究的思维需要避免主观性

教学过程是师生双方的交往活动，教学活动不可能按照教师的设想，按部就班地进行，教学活动需要师生之间的积极配合、积极互动。如果教师思维过于主观化，思考问题从自身出发，过多地依靠个人的思维定式进行主观判断，不擅长倾听和分析，不能坚持客观公正的立场，仅仅依靠感觉和经验来思维，这不利于教学活动顺利开展，也不利于师生之间的平等与和谐沟通。

主观性思维方式容易导致教师思维方式僵化；导致教师常习惯于接受，不习惯发现；多习惯于模仿，不习惯创新。教师很容易陷入"不识庐山真面目，只缘身在此山中"的境界，完全按照学科教学思维方式，跳不出学科的圈子，不能够建立起学科之间知识的关联性，很难拓展自己的教学思维。教学研究仅仅局限于学科内容听评课，很难涉及育人的本质问题，学科之间沟通、交流、观察也很难进行，这就会影响教师的思想境界和思维方式。教师要突破主观性思维方式，就需要从学生发展出发，建立起教学与教育有机融合的思维方式，并不断深入的探讨、总结和提炼。

4.3.2 教师研究的思维需要避免简单化

学生发展是家庭、学校和社会协同育人的结果，也是多学科交互育人的结果，学生发展是一个复杂开放的教育过程。很多教育问题往往是由多方面的因素共同引起的，因此需要多方面因素形成教育合力加以解决。教育是一个因人而异的工作，不是简单行为反应，施加一种教育，就一定能够产生某种效果，需要因材施教。

影响教育效果因素是多方面的，需要综合多方面因素解决教育问题。如果教师综合分析能力不足，遇事只做简单归因分析，注重求同思维，忽视求异思维，注重确定性，轻视随机性，注重必然性，轻视偶然性，将一些复杂问题进行简单化，就不仅不利于教育问题的解决，还会影响学生的思维活力。

4.3.3　教师研究的思维需要避免封闭性

很多教师的思维存在着封闭和固化的现象，所以他们习惯了现在的工作和生活状态，安于现状，不想取得更大的发展，只愿意做自己能做的事情，不愿意做有挑战的工作，排斥接受新事物。教师工作环境相对封闭，长期以来容易把教学工作变成机械重复，用习惯性思维方式分析与解决遇到的问题，忽视教育问题的随机性、相对性和不确定性。

"太阳每天都是新的""人不能两次踏进同一条河流"，教师的思维方式必须是开放性的。封闭、僵化的思维方式既限制了教师思维能力的发展，也会束缚学生探究精神和创新能力的发展。学生头脑中各个学科的知识交互使用，就像演奏一曲"交响乐"。在乐团中弦乐、木管、铜管和打击乐等组合，这四组乐器中各种乐器发挥其独特的功能，从而演奏出来完美的旋律。学生的能力增长也是各个学科综合作用的结果。因此，教学必须基于学科而又要超越学科，实施跨学科教学，才能真正发挥育人作用。

4.3.4　教师研究的思维需要避免片面性

教师的思维需要科学精神。有些教师情绪化的语言比较多，缺乏严谨、客观、探究、批判、反驳、质疑、追问的科学精神，没有以专业研究为依托提高教学质量，这样就容易固守在重复和照搬旧经验的窠臼中不能自拔，不能进行持续的、追踪式的思考，常常浅尝辄止，缺乏必要的交际能力和妥协思维，不能以合理的方式表达自己的思想和意图，缺乏处理突发事件的应对策略。

教师思维需要整体性，需要融会贯通，需要既见树木，又见森林，更需要不拘泥于表面现象，需要透过现象看本质。任何一个教育问题出现，比如违反学校纪律或学生学习成绩下降等，都可能是多种因素作用的结果，忽视多种因素对学生的影响，不善于质疑、反驳和追问，容易造成思维的狭隘和僵化，抓不住主要矛盾，不利于教育问题的科学解决。

4.3.5　教师研究的思维需要避免功利性

我国教育中的功利主义色彩和应试教育倾向还十分严重，很多先进的理念没有得到贯彻和落实。很多中小学过分注重考试成绩和升学率，重智轻德，重教学轻教育，重管理轻教育，重知识轻文化，重分数轻人格发展，同时又将学生的考试成绩与教师的待遇挂钩。在这样的大背景下，很多教师很难静下心来，以长远的眼光和平和的心态来开展教育工作，对学生存在的问题很难做到耐心观察和分析，追根溯源，因材施教。

有时候教师的眼里只有成绩，评价学生好坏标准就是根据考试成绩的高低。缺乏独立分析学生品质、能力的意识和习惯，没有掌握规范而专业的思考方法和教育手法，倚重功利性思维方式来进行判断，不去探寻问题的根源，养成思维惰性，这是一种短视思维方式，往往只顾当前，不顾长远，短期化和表面化的教育行为，对学生终生发展是极为不利的。

4.3.6　教师研究的思维需要避免具象化

教师需要具有科学的思维品质。无论是初入教坛的新手型教师，还是历练多年的成熟型教师，思维品质的高低决定了其职业生涯的高度、深度和广度。尤其对成熟型教师来说，当有了丰富的教育教学经验之后，如何有效地处理这些经验，包括如何总结、凝练和提升经验，如何个性化、创造性地表达经验，都对教师自身的思维品质提出了要求。

教师做研究遇到的最大困难，就是虽然擅长讲案例、课例和故事，却不擅长将这些生动的案例或故事，通过有效地抽象、概括，提炼出其最关键最核心的问题、观点与主张。这种提炼能力的缺乏，是制约教师走出实践经验、实践思维的普遍羁绊，是妨碍教师最终走向理论思维和提升理论能力的普遍瓶颈。因此，要提升教师的理论意识、理论自觉，除了强化概念意识和概念自觉之外，还需要强化其抽象提炼的意识与能力。

教师一般容易对教学细节具有敏锐感知和把握能力，但不容易从细节背后认知到教育的本质。这种思维特征，既容易使不同类型、层次、维度的各种知识信息堆积混杂在头脑中，变成一团乱麻甚至一团糨糊，更容易使教师被各种信息吞没或湮没，出现丧失自身的判断力与生长力等常见弊端。教师需要透过显现看本质和融会贯通的思想品质，当然还需要具有成长性思维品质，不固执于已有的观念、视角与方法，再好的教育思想与经验一旦变成"固化"，也就再无生长与发展的可能。

CHAPTER 05

第五章 教师研究需要什么样的阅读素养

我国著名教育家朱永新说过："一个人的精神发育史就是他的阅读史""一个民族的精神境界很大程度上取决于这个民族的阅读水平"。⊖ 教育最重要的任务，就是塑造美好的人性，培养美好的人格，使学生拥有美好的人生。判断教育的好坏，应该从这样的原点出发；推进教育的改革，也应该从这样的原点开始。应该让教师与学生过一种幸福完整的教育生活。阅读不仅是教师寻求教育理论、丰富教育智慧的思想源头，也是其寻求研究力量、探究研究方法的必由路径。阅读会让教师更加善于思考，更加远离浮躁，更加愿意探索，更加喜欢创新。

5.1 阅读是教师的学习方式

教师研究离不开学习与阅读。阅读是教师获得信息的重要方式。从甲骨文阅读到书本阅读再到手机、互联网等电子媒介阅读，文字阅读、图表阅读、视频阅读等，阅读载体和对象不断变化，但阅读的本质却没有发生根本变化。进入现代社会，书本阅读和电子媒介阅读几乎并驾齐驱，成为人类获得知识和信息的主要方式，阅读成为人类社会必不可少的学习方式。真正意义上的学习，只能通过"阅读"。教师阅读具有广泛性、自主性、专业性和持续性等特征。下面从教师阅读角度来探索教师学习与专业发展的路径。

⊖ 朱永新.我的阅读观 [M].北京：中国人民大学出版社，2011.

5.1.1　阅读激发教师的通识学习

教师为什么要读书？

《劝学》有言："学不可以已。"这里的"学"，主要指阅读学习，人要活到老，学到老。通过阅读达到人生启蒙与精神升华，这个读书的理由，是对所有人而言的，具有普适意义。苏联心理学家、"文化—历史"理论创始人利维·维果茨基（Lev Vygotsky）说过："教学应走在发展的前面。"○ 教师这个职业独特性决定了教师必须是一个终身学习者，即终身阅读者。

阅读是一种心智锻炼。读现代人的书，可与同时代的人实现精神上的沟通交谈；读古人的书，可继承古圣先贤的精神遗产。读书可以享受或吸取思想家多年的心血的结晶，是教师提高文化涵养最重要的途径之一。读什么，怎么读，影响教师价值取向的选择，锻炼与发展其思维能力，培养向上向善的思想道德和文化气质。

教师要阅读经典。经典是历久弥新的人类精神世界的精华，自然的魅力、社会的奥秘、生命的密码、人生的智慧均寓含于其字里行间，能从不同角度、不同层面给人以无限的遐想和不尽的启迪。阅读经典不是附庸风雅，不是装门面，而是静下心来，从中汲取养料、滋养心灵、开阔视野、丰富精神，教师从中理解和运用语言文字的能力也会得到潜移默化的提升。

教育是育人的事业，学校是育人的地方，缺乏人文素养的教师，难以完成教书育人的使命。非学科专业知识的文化学习，通常被称作通识学习，包括人文精神培育和文化素养提升。没有广博深厚的通识学习，就没有教师文化素养的提升。广泛的阅读是一种通识学习，阅读是丰富教师精神世界最有效的方式之一。教师需要通过阅读来丰富自己的文化素养，来更新教育观念，确立教育思想；通过学习来"充电"，完善自身修养，提高思辨能力，成为研究型教师。

教师阅读的内容应该是极为广泛的，可以与所从事的教学没有直接相关，不仅可以是教育学、心理学，还可以是政治学、社会学、人类学、生物学等，更多的是一些通识性的知识，如天文、历史、地理。这样一来，教师思维的广度和深度、精神获得与乐趣都会大大增加。广泛阅读就是一种通识阅读，通识阅读是通识学习的主要方式。

一般而言，人的一生可以分为学习和工作两个阶段，但是教师这个职业，却不可能截然分为读书和教书两个阶段。教师的职业是一个从读书到教书，又从教书到读书，不断循环、交替往复的过程。在读书中教书，在教书中读书，是教师职业的内在需求。会读书的教师不一定能教好书，但是，不会读书的教师一定教不好书。可以说，读书与教书是永远相伴、不可分割的，这是教师职业的基本特征。

○　维果茨基．维果茨基教育论著选 [M]．余震球，译．北京：人民教育出版社，2005．

　　教师要培养学生的创新意识、独立精神，就必须有自己的独立思想和意识。而教师的独立思想与意识的形成，主要依靠其持续不断的阅读学习，在学习中思索和感悟人生，在学习中提高学识与品味，进而提高专业品质。读书，是教师最基本、最普遍的通识学习方式。英国自然科学家弗朗西斯·培根（Francis Bacon）说过："读史使人明智，读诗使人灵秀，数学使人周密，科学使人深刻，伦理学使人庄重，逻辑修辞之学使人善辩：凡有所学，皆成性格。"[1]这句话被很多人看作读书的动力。读一本好书，就是一次与智者的对话，就是把别人的经验变成自己的财富，在潜移默化中丰富自己的文化内涵，提高自己的教育底蕴，让自己心灵得到瞬间理性的升华。

　　当然，教师阅读不能仅仅追求教学技能的提升、教学方式的变革，更应该追求人格的提高、人性的张扬和文化的熏染。通识学习是一个文化素养全面提升的过程，是一个充满人性化的过程。显然，在这个过程中，需要倚重自主阅读，来提高教师的文化素养和精神内涵。

5.1.2　阅读激发教师的自主学习

　　教师自主学习需要有内在的动力。没有内在的主动性和积极性，就不可能有真正意义上的自主学习。要激发教师自主学习，就必须依靠广泛的阅读；没有教师的自主阅读，就没有自主学习。成人的学习主要靠阅读来完成。

　　一般而言，教师学习有两种途径：一种是外控式的教师学习，指学校等外部组织对教师进行有目的、有计划的培训和提高，它源于社会进步和教育发展对教师学习的规范、要求和期望；另一种是内驱式的教师学习，指教师个体的自我完善与自主发展，它源于教师自我角色的愿望、需要以及实践和需求。自主学习是教师的一种自主发展方式，对其专业发展起着决定性的作用。

　　教师自主学习只能依靠大量自主阅读。正如北京市教育学院原院长李方所言："教好书离不开读好书。抓住阅读来促进教师的专业发展，对当前有拨乱、归真、复本的作用。"从总的方面来看，在信息化的时代里，倡导教师开展阅读，提高教师的阅读量，对成人学习和专业发展而言具有重要的意义。

　　显然，这里所说教师阅读不是指所谓"开卷有益"式的一般性阅读，而是指重在提升教师人文内涵、文化品位、精神品位、人格品位和思维品位为目的的专业阅读，也包括以学习、模仿和借鉴为目的的实用性阅读，这种专业阅读需要有一个培育的过程，教师专业阅读的积极性和主动性还需要一个外在不断激发的过程。

　　○　培根（Francis Bacon）. 培根随笔 [M]. 蒲隆，译. 南京：江苏凤凰文艺出版社，2018.

　　教师专业阅读应该是一种研读。新教育实验认为教师的研读，一般包括三个层次：第一层次，教师通过读一本书，获得一种感悟或者一个新的教育理念；第二层次，教师运用阅读获得理念或思想，审视并改进自己的教育教学行为；第三层次，教师通过自己的实践经验，审视自己阅读获得的理念与感悟，形成自己独特的风格和特点。研读的这三个层次反映研读层次的不断深入。只有开展深层次研读，才能提高教师阅读的实效性，实现教师阅读与专业发展的紧密结合。

　　当然，教师阅读离不开外在的指导，离不开学校在时间、资源等方面的必要支持。首先，教育研究部门和学校需要在教育教学实践中，针对教师阅读的不同发展阶段，采用精品图书推荐活动，适当给予教师的专业阅读以指导，使之成为从外部促进教师专业发展的必要力量；其次，教育主管部门和学校应该努力创造条件使阅读成为中小学教师的职业生活习惯，通过阅读的交流与对话，创造出新的教师教育文化。此外，还要引导教师充分利用阅读交流活动，丰富教师的学习和教学资源，建立友善的同事关系和支持性的领导方式，共同构成有效促进教师专业发展的良好学校阅读文化。

5.1.3　阅读激发教师的专业学习

　　所谓专业阅读就是所阅读内容与所从事教育教学工作紧密相关，阅读属于教育工作相关范畴内的内容。从教师的专业学习需求出发，在鼓励满足教师个性化发展需求的同时，积极倡导专业阅读，实现阅读价值的多元化。专业阅读，是要求教师将阅读与教育教学实践结合起来，把阅读变成实践与研究的过程，在阅读中发展、在阅读中反思和在阅读中实践，不断提升教师的学习能力。

　　专业阅读是教师专业学习最重要的方式之一。教师专业学习既包括教师对世界的已有认识，也包括进一步获得对世界更为具体的、理性的认识，并发展自身专业能力的学习过程。教师的专业学习往往不能仅仅注重获得某些教学技能的学习，而必须高度关注技能背后的思想、理念和背景，进而更深刻地理解教育。这样，教师就需要拥有各种机会来吸纳新的信息并将其付诸实践。教师的学习是一个循环往复而非线性的发展过程。而在这个过程中，专业阅读是必不可少的。

　　教师专业学习需要创设一个充满信任和挑战的学习氛围，需要充分激发教师开展专业学习的内驱力，这是因为教师学习行为不仅与知识与技能相关，而且与学习情感密切相关。教师必须要感受到变革对自身专业身份的挑战，感受到教育变革对自我反思能力的期待。如果教师对学习没有真切的情感和现实需求，教师很可能因为各种原因寻找借口而拒绝学习。从一个极端角度来说，如果容忍教师拒绝专业学习，就会导致教师专业发展的无效，不可能达到改进教学、提高学生学业水平的目的。

　　教师专业学习需要借助专业阅读方式来完成，而没有教师的专业阅读就不可能让教师保持连续性的专业学习。教师专业学习的目的是为了解决教学问题，需要教师运用阅读获得的思想来解决实践中的问题，在实践过程中反思，形成经验智慧，进而促进专业进步与成长。教师的实践反思是对学习过程的再认识。北京市海淀区通过"教师阅读工程"的引领，使教师能够成为实践型、反思型教师。实施"教师阅读工程"，不给教师平日工作再增加过多的负担，引导教师集中利用寒、暑假等时间深入阅读经典著作，撰写读书心得；弹性安排阅读时间和阅读任务；将团队阅读和个体阅读结合起来，形成互动。当教师感受到阅读能激发自己思考、带给自己愉悦和震撼时，就不会觉得阅读是一种任务、一种负担，而会感觉那是生活中必不可少的一部分。

5.1.4　阅读激发教师的持续学习

当前中小学教师由于工作时间长、工作压力大和工作待遇不高等问题，许多中青年教师时常会感到职业倦怠。这种职业倦怠感会让教师工作常常陷入一种"烦琐忙碌"的困境而不能自拔，使教师一天天地被格式化，丧失了对知识的不懈追求以及对专业素养的永恒探寻，体现不出教师职业的尊严与价值，也体现不出教师职业的创造与超越。

职业不能失去崇高感，因为崇高感就意味着超越，意味着对价值的不懈追求。而能够解决这个问题唯一途径，就是引导教师进行持续学习。只有这样才能够避免教师职业中的得过且过，懒于思考，随波逐流，工作日趋机械化、平庸化。许多优秀教师提出要不断提高中小学教师职业的专业化水平，就是要从根本上克服教师职业的倦怠，缓解内心的职业压力，获得心理平衡和职业尊严。

教师专业发展需要不断学习，需要在学习过程中丰富自己的思想智慧，需要在教育教学生活中，对心理学的经典思想、教育哲学的基本观点、人类最好的教育经验、所教学科的知识精华和人类文化的精髓等有丰富的了解，再逐渐上升到透彻的理解。而教师持续学习需要借助专业阅读来完成。教师的学习必须回到对经典书籍的研读中来，也就是要阅读教育学和心理学的经典书籍，奠定教师职业精神及专业根基，影响和形成其专业的思维方式，丰富自己的职业经验，提高教师思考能力，形成职业认同感，这是教师持续学习的本质，教师只有坚持持续学习和专业阅读才能让其职业从平庸走向优秀，从优秀走向卓越。

持续学习应该有助于教师深刻地理解人类、理解世界、理解自身、理解生命、理解教育。强调专业阅读，其实就是强调恢复原初思想的能力，恢复教师重新面对教育根本问题，从教育根本问题出发思考当下问题的能力。这种持续学习和专业阅读，能够培养教师的思考能力和对教育实践的洞察力，为解决专业问题提供深厚的背景和策略，避免了理论与实践的脱离。

教师专业学习是一个持续不断的过程。理想的教师专业学习应该渗透于教师日常专业行为的方方面面，并伴随着教师的职业生涯不断走向丰富和深入。只有建立起激励教师从事持续阅读的内在机制，并充分尊重教师阅读的个性化需求，才能使教师的专业学习逐步走向独立自主的轨道，这是教师专业发展的最佳境界。

5.2 教师研究需要专业阅读

教育改革首先是教师理念的变化。教师理念的变化依赖于教师的学习，而教师学习的重要方式就是阅读，尤其是专业阅读。可以说，没有专业阅读，就谈不上教师的专业成长与发展。如何激发教师自主学习的内驱力，如何让阅读成为教师专业发展方式，仍然有许多值得研究的问题。

人类自从进入知识主宰的文明社会，阅读始终是人类社会不可或缺的学习与生活方式。教育的根本使命就是教会学生学会阅读，通过阅读领悟人类世世代代积累下来的经验与知识，没有阅读就没有教育，引领学生阅读是教师的重要任务，也是落实立德树人的基本途径。要引导学生阅读，教师必须首先学会阅读。阅读是教师认知世界、调整自我、适应社会的重要手段，也是教师终身学习能力的集中体现。

阅读是什么？这似乎是一个非常简单的问题，但想说得明白透彻却不容易。在阅读研究中，对阅读客体的界定、阅读目的的追寻，以及技术驱动下的阅读过程和方式的转变的探讨从未停止。通常我们会认为阅读是一种生活方式或工作方式，或者也有人认为阅读是一种学习的工具。阅读活动作为文化传承与发展的主要途径，在这一认知中，阅读主体（读者）是阅读活动文化意义的承载者和体现者，阅读对象（读物）是文化的载体，阅读过程实质上是一种文化交流活动，阅读行为总是处于一定的文化环境之中并受其制约[一]。1986年美国普林斯顿大学教授罗伯特·达恩顿（Robert Darnton）发表的《阅读史初探》一文中提出阅读的六个基本问题：谁读，读什么，在哪儿读，什么时候读，怎么读，为什么读[二]。这六个问题奠定了阅读史研究的基础，该文也成为阅读史研究的开端。阅读研究的逻辑起点均为阅读是人类的实践活动且是精神活动，这种活动与人类的生产活动一样具有延续性和继承性。

什么是阅读能力？阅读能力是个体对他人书面语言的接受和理解能力，是"读者能顺利完成阅读任务，达到阅读目的的智力活动所必备的个性心理特征"[三]。阅读能力并不是人先天就带有的，需要后天的引导与培养。人的阅读能力有一个不断发展过程，要经历学生时代的学习阅读，到成人时代阅读学习，有一个逐渐发展过程，需要从学习阅读开始，养成一定的阅读习惯，培养一定的阅读能力，逐渐才走向通过阅读来学习的最高境界。

［一］ 王龙，邬卫华．阅读的文化研究论纲 [J]．图书馆理论与实践，2004(6):57-59.

［二］ 达恩顿．拉莫莱特之吻：有关文化史的思考 [M]．肖志伟，译．上海：华东师范大学出版社，2010.

［三］ 朱智贤．心理学大词典 [M]．北京：北京师范大学出版社，1991.

　　阅读能力最终发展成人的阅读素养。所谓阅读素养（Reading Literacy）主要是指个体为了实现个人发展目标，增长知识、发展潜力，以及为了参与社会生活而有效地寻求信息、理解使用和反思书面文本的能力。国际上对阅读素养的认识，已超出了拼写、识字以及对书面文本的字面理解和诠释等语文教学中的基本要求，它更注重学生运用相关知识和阅读能力去完成某些应用型的阅读任务。世界各地教育都高度重视人的阅读素养培养，如图5-1所示。比如，美国高校录取所参考的托福（TOEFL）和学术能力评估测试（Scholastic Assessment Test，SAT）以及留学研究生入学考试（Graduate Record Examination，GRE）等考试中，都有大量的阅读内容，阅读材料几乎涉及文学、思想、科学和艺术等方方面面，还包括科学和技术新进展、新应用等。在世界经济合作与发展组织（Organisation for Economic Co-operation and Development，OECD）发起和组织的大规模国际教育评价项目 - 学生能力国际评价（The Programme for International Student Assessment，PISA）。PISA测评对象是15周岁的在校学生，每三年进行一次。每次PISA测评的重点领域都是在阅读素养、数学素养和科学素养这三个核心领域间轮换。PISA测评的"素养"不同于对学校课程所设置的学科相关知识的理解或记忆能力，而是指学生为迎接当今不断变化的现实挑战，运用知识和技能解决问题的能力，以及在日常生活情境下做出良好判断和决策的能力。

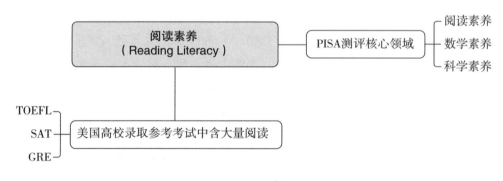

图 5-1　阅读素养

　　需要注意的是在阅读素养培养方面，长期以来，我国基础教育界存在着一些认识偏差。往往把阅读窄化成语文、外语等语言类学科的事情，将阅读看成是唐诗、宋词、小说等文学作品阅读。实际上，阅读素养不仅仅是指文学类、思想类等阅读，还包括说明文、图标图文等非线性阅读等，比如广告词、说明书、科学史、新技术等都需要阅读。在信息化时代里，人们处处可阅读、时时可阅读，既需要快速浏览式阅读，又需要慢速理解式、领悟式阅读。

　　在新一轮的国际教育改革过程中，阅读已经从简单拼写、识字、读课文以及对书面文本理解和诠释等语文教学中突显出来，走向了阅读素养和阅读能力的全面提升，更加注重学生运用语言知识去完成应用型的阅读任务，更加重视科学类阅读、思想类阅读、艺术类阅读和生活类阅读，即所谓关注学生阅读素养和阅读能力的提升。

每位教师都承担着培养学生阅读能力和素养的任务，阅读是学科学习的主要方式。学生既需要通过听讲和实验来获得知识，更需要通过阅读获得信息，领悟知识，做到融会贯通。任何一门学科学习都离不开阅读，阅读是进行学科学习的基本手段与必备技能。学生在学校里要阅读，阅读是学校教育的主要任务。因此，各个学科都需要阅读，阅读是全学科的事情。学生为了学习知识、提升素养，要以学科为单位开展课内外阅读，通过阅读获得对本学科知识的理解、领悟、掌握和应用，阅读是一种深度学习，是学科学习的基本能力，每一门学科都离不开阅读。学科阅读是一种专业性的认知活动，引领学生走进博大精深的独特学科世界，比如数学世界、物理世界、地理广宇、历史长河、艺术殿堂等，帮助学生以学科的视角看待世界，形成学科观念、学习方法、思维方式和行为习惯，这对促进学生认知思想、丰富发展具有独特的育人价值。

教师的专业阅读素养，主要指教师为了更好开展教育教学而开展的阅读活动。每门学科教师都承担着指导学生阅读的任务，需要指导学生从个别学科阅读走向全学科阅读，强调阅读的全学科覆盖、全方位推进，引导中小学生从"学会阅读"走向"通过阅读学习"。语文、外语是以讲授阅读为主的学科，学生要学会用不同的语言阅读，"阅读学习"是语言类学科的一项重要内容。而数理化和艺术类学科则是阅读实践活动，需要通过阅读来学习学科知识。学校里阅读学习是非常广泛的，学生不仅需要文学阅读、历史阅读、社科阅读，而且也需要数学阅读、科技阅读、艺术阅读、体育与健康阅读。教师需要满足学生的阅读需要，通过不断提高自身的阅读能力，指导学生阅读，培养学生的阅读素养。教师的专业阅读应该具有图5-2所示的4个特征。

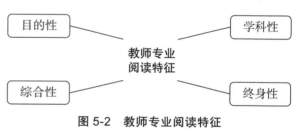

图 5-2　教师专业阅读特征

5.2.1　教师专业阅读的目的性

教师专业阅读具有明确的目的性。专业阅读是为教育教学工作服务的，属于教师的职业生活阅读，包括教师个人学科专业、教育学、心理学、哲学、社会性等方面的阅读，能够帮助教师更好理解教育教学方法及学科发展的历史脉络。专业阅读不是漫无目的、随心所欲地自由阅读，而是有计划、有目的的专业活动组成部分。

教师的专业阅读需要在行业内学者专家指导下，围绕自己的实际工作展开，教师需要阅读学科教学、管理学生、家校沟通等方面书籍，以便掌握相关思想理论，及时更新自己的认知体系，确保精神生活的丰盈性。同时，教师也需要阅读学科教学类书籍。比如，历史教师，会围绕历史教学目标需要开展阅读，有历史史料阅读，也有历史教学思想与方法阅读，更会有社会性及经济性等知识拓展类阅读。专业阅读需要有明确阅读目标与计划，也需要精选阅读内容，确保在有限阅读时间里能够及时掌握学科最新发展动态、了解最新教育学和心理学发展理论思想，拓展自己教育思想与方法，促进自身的专业发展。

5.2.2　教师专业阅读的学科性

我国中小学按照基础学科实施分科教学，几乎每位教师都有明确的学科。教师所阅读的书籍，自然具有明显学科阅读特征。教师学科阅读是指教师阅读对象、内容、方法、手段等都具有明显的学科特质，阅读与所教学科内容紧密相关。所教的学科不同，阅读的内容常常会有差异。如语文、历史等教师，喜欢文学类、思想类、文化类、历史类等阅读；数学、物理等教师，喜欢自然类、科学类、技术类、科幻类等阅读，能够进行以公式、图表、图形等非连续性文本阅读；音乐、美术等教师，阅读内容则包括音乐作品、绘画作品、雕塑建筑作品等。

学科阅读伴随教师职业生涯的始终，在教师职业生活过程中，教师始终需要阅读与本学科相关的文献资料、思想学说、知识技术、发展动态等相关内容，使得自己始终站在学科前沿，了解学科发展动态，吸收学科最新思想学说，并将其灵活应用到日常的教育教学之中，服务自身专业素养、专业能力的不断提升。专业方面的学科阅读是教师教学生命力的源泉，可以帮助教师始终保持教学的鲜活性、多样性、丰富性和创新性。

5.2.3　教师专业阅读的综合性

教师所从事的职业是一项社会事业，需要广泛、广博的知识体系，而不是深奥、精尖的知识体系。除了本学科知识阅读以外，更需要涉猎人文、科技、艺术、社会和管理等阅读，既需要泛读，也需要精读。教师阅读包括知识性强的原理性阅读和实践性强的应用型阅读等多种类型。教师需要借助阅读做到知识的融会贯通，更好建立起知识之间的关联，扩大自身的认知视野，不断深化、拓展自身的知识思想体系，丰厚自己的文化底蕴。

教师还需要养成在生活中随时随地阅读的习惯。比如日常生活中的商品说明书、操作指南、导航地图等，这有助于教师将这些阅读素材融入学科教学，联系实际生活，努力建立起社会生活与学校教育的联系，帮助学生应用学科知识解决生活中的各种现实问题。因此，教师职业需要终生学习，也需要终生阅读。阅读内容是不拘一格的，是极为广泛的，涉及人文、社会、科学、技术等方方面面，在阅读过程中，教师逐渐形成深厚的阅读素养。

5.2.4　教师专业阅读的终身性

人们常常把人生分为求学和工作等两个阶段，把学习与工作截然分开。进入信息化时代，随着人类知识更迭速度的不断加快，学习不再是某个阶段的事情，而是终生的事情，需要终生学习。阅读能力是一种终身学习能力，需要为终身学习服务。当然，在不同的人生阶段会有学习阅读和阅读学习的区别。小学阶段更多的是学习阅读，初高中阶段是学习阅读与阅读学习兼有，而成人阶段则主要是阅读学习，即通过阅读来学习。但不论怎样划分，阅读都是一种终生学习能力和习惯，需要伴随人的一生。

一个人离开学校走入社会，他是否还常常阅读、是否还热爱阅读，这是一个人终身学习能力的重要标志。阅读习惯、阅读喜好、阅读能力是终身学习能力的基础，也是终生学习质量的根本保证。阅读是人类获取知识和信息的重要方式，人们通过阅读来学习新知、理解旧知、增长见识、获得能力。尽管在现代信息化社会里，人们获取知识和信息的路径已经多元化了，但是文本阅读仍然是最重要的知识和经验获得方式。教师需要在阅读时，通过与文本的对话，不断追问，并在实践中不断充实、调整自己，从而让生活变得更加通透豁达、工作变得更加得心应手。

5.3　教师研究需要文献阅读

为了科学地开展教育研究，教师必须有计划性、目的性地开展文献阅读。文献阅读是任何一项研究必不可少第一步。对于激发教师持续开展研究，唤醒研究兴趣、动机和潜能具有重要意义。教师需要在文献阅读的过程中，不断吸收新的思想观点、不断调整自己原有的思想认识，经过反复比较、分析和判断，最终形成个人的思想认识，内化成自己的认知结构，为下一步深入开展研究提供思想基础。

5.3.1　为什么要阅读文献

研究是在继承他人研究成果的基础上不断探索的过程。研究需要从阅读文献开始。如果不阅读文献想要做好研究、写好论文，可以说可能性极小。只有广泛地阅读文献，深入学习，才能厚积薄发，写出有思想有观点的好论文。阅读文献的目的是为了研究所用，不但要学习论文里面的思想观点，还要学习他人的研究过程与方法。具体说来，其主要目的如图 5-3 所示。

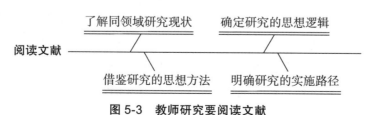

图 5-3　教师研究要阅读文献

（1）**了解同领域研究现状**。通过文献阅读，教师可以全面了解同一领域内研究的最新进展、主要思想观点、主要方法手段等核心问题；了解同行已经进行了哪些研究，得到了什么样的研究结果，有哪些问题还需要进一步研究等。文献阅读可以启发和帮助教师更加明确研究问题，还可以帮助教师调整自己的研究方向，避免无意义的重复和浪费。

（2）**借鉴研究的思想方法**。教育领域研究，研究同一个问题可以有许多不同思想、方法和路径。有时候独特的研究思路和有效的研究手段尤为重要，这会让研究内容变得更有意义、更有价值。通过阅读文献，可以了解他人采用了什么方法，以什么样的视角进行研究。特别要关注研究路径设计、方法选用、测量工具及统计分析方法等技术性问题，这会对自己研究的深入进展大有裨益。

（3）**确定研究的思想逻辑**。通过阅读文献，可以知道自己想做的课题，是否已经有人做过，同一领域其他人研究到什么程度，还有哪些地方没有做，自己能不能做，是否值得做，从中也能看出自己从事的研究是否具有理论和实践价值。在教育研究领域处于一个什么样的位置，以及研究结果是否对教育实践有指导和借鉴意义。

（4）**明确研究的实施路径**。选定研究课题，常常苦于如何设计研究路径和实施过程。不知道如何下手开始研究，或者有多重研究思路，一时无法选择取舍，可以求助于文献阅读。通过阅读大量文献，制订出多种研究方法和实施计划，从研究内容的必要性和可行性入手，最终制订明确可行、便于操作的研究计划，有目的、有计划地推进研究工作。

5.3.2　如何进行文献阅读

研究要从阅读文献开始，也就是从读论文开始。对于研究来说，阅读文献是必不可缺的，课题研究和论文写作都要从阅读文献做起。阅读文献，要求结合自己的研究方向，找主题相近的论文来读，从中理解文章中回答什么问题，通过哪些技术手段来证明，有哪些结论，从阅读中了解研究思路、逻辑推论和研究过程与方法。

研究新手，一开始阅读文献都会有畏难情绪，一想到读论文就焦虑；也容易有拖延情绪，回避阅读文献；有时只选择简单文献，草草而过，应付了事。阅读文献需要克服畏难和焦虑情绪，把难以逾越的问题，化解为若干小目标来完成，先从可读性强的小论文开始，阅读实践工作者的论文，一步步深入，逐渐再阅读学术性强的论文。

阅读文献离不开查阅文献。查找一些与自己研究方向相近的论文后，要先建立一个文献树，找 3 ~ 5 篇技术路线和统计方法与自己研究接近的论文进行精读，获得更多的研究信息。重要论文要根据重要程度做好标识并进行编号，然后按编号排列图标，最重要文献就排在最前了，而且重要文献要注意反复阅读。这里对文献阅读提出以下几点建议：

首先根据自己研究内容，科学选择文献。在信息化时代，同一个主题所能查阅到的文献是多种多样的，文献检索小技巧如图 5-4 所示。要在对文献进行综合分析的过程中，从文献目录、简介和内容等三个方面了解论文的大纲和创新点，看论文中是否有自己感兴趣的观点，选择适合阅读的论文。教师在做完概览以后，要精准确定哪些文献需要精读、哪些需要泛读。如果能查到几篇跟自己所做方向相关的论文，肯定需要精读，力求完全吸收，弄懂这个领域内所涉及的概念、术语、研究现状和研究方向等。精读就是要弄懂所研究领域的研究思路、方法、观点、思想等，然后才能对论文中的主要观点进行批判性反思，分析各个观点的内在联系，研究其局限性和条件性，从中提出自己的研究思想和观点。要以批判的眼光评价文献，要判断文献的可信度，不迷信权威，不盲从专家。从众多文献中选取最有价值、最科学可信的文献进行阅读。

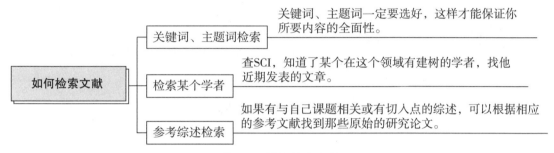

图 5-4　如何检索文献

其次，对于研究新手而言，必须尽可能大量阅读文献。应该先读中文后读外文，中文阅读更能节省时间，应该先读论文后读论著，因为论文提供的思想观点更概要、更明确，有助于研究者在短时间内掌握概念、思想和观点，更利于教师的文献阅读。阅读文献既要有耐心和持之以恒的精神，也要循序渐进。阅读文献是个枯燥的过程，很多时候阅读的文献都是对自己研究是没有直接帮助，只能达到开阔眼界、启发思想的目的，因此教师要有足够的耐心开展持续不断的阅读。对文献进行综合分析，要以批判的眼光评价文献，并从中提取出有用的和正确的信息，为今后研究工作提供参考，是教师研究必备的能力。教师在通过阅读文献来追踪当前发展动态时，一定要发挥自己的判断力，不可盲从，即使是知名专家学者有时也会有错误，有时也会失之偏颇。研究的关键是思想观念创新和方法手段创新，对于教育研究而言，创新源于文献的分析、比较与积累。

最后，教师要掌握阅读文献的方法技巧。阅读论文要选用适合的方法。一般是看论文中是否有感兴趣的内容，可以先从论文摘要入手，了解作者究竟做了些什么，然后阅读各级标题了解框架概要，再仔细阅读主要结论等重点内容。快速浏览后，大概了解了论文的概要，再决定是否要返回去通篇精读，深入理解论文写作目的、研究假设、研究方法和主要结论等是否可行。论文指出了怎样的方向，所涉及领域都有哪些问题，所表达的策略观点是什么，诸如此类。检索文献进行阅读，进行或深入或扩展阅读，逐步扩展自己的视野，构建个人的专业知识结构。阅读文献，一般集中时间效果比较好，便于把繁杂的内容联系起来形成整体印象。长期追踪某个研究专题，掌握该领域的新方法或新结论，及时了解学术进展和热点。文献天天有，文献天天读。如果只作为一个文献收藏家，而不是长期坚持阅读文献，研究也就失去意义。教师进行学术论文阅读时可以尝试一下如图 5-5 所示的技巧。

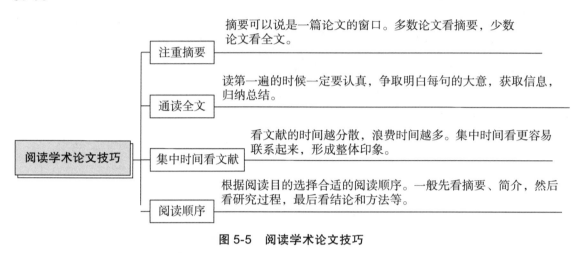

图 5-5　阅读学术论文技巧

5.3.3　怎样开展研究性阅读

　　教师研究需要开展研究性阅读。研究性阅读是一种比较高级的阅读形式。它是以深度理解阅读材料为基础的，但透彻了解和分析文本内容并不是它的目的。它的目的是通过收集资料、整理观点、分析判断来进行研究的过程，即通过阅读来提出新问题新观点，建立新思想新策略。研究性阅读是教师研究的重要环节，是教师开展研究必须经历的过程。实质上，它是一种文献阅读的过程，需要对文献中提供的思想、观点、策略、方法等，进行分析、比较、判断和选择等，为所研究问题的科学解决提供策略、方法和思想等，反映教师主动研究的能力和水平。

　　研究性阅读的重点在于研究主题选择，采用多角度研读、个性化解读、再度质疑中解读等多种阅读方法，使研究性阅读得到不断的拓展与延伸。多角度研读，所选择的问题又具有一定的深度与广度，有可探究的空间，蕴含内容丰富，这样才能激发思想、活跃创造性。在阅读中思考，在思考中拓展思维、达到深入研究的目的。教师要根据自己的研究课题，制订研究性阅读计划，有计划地开展阅读，并及时进行阅读成果总结和梳理，多角度、多层面地分析阅读中获得思想与观点。在广泛阅读的基础上，教师要针对文本，确定思想观点，扩大研究型阅读的深度与广度，让研究的视角、切入口的选择、过程的设计、方法手段的运用以及结果的表达等，具有相当大的灵活度，为讨论与研究留下足够的空间。

　　研究性阅读的核心是启发教师在文献中发现新思想、新观点、新策略和新方法，经过一个去伪存真、去粗存精的过程，最终形成个人的思想认识；将这种思想认识与自己的研究课题相结合，就能把自己的研究思想不断引向深入，成为课题研究工作的思想基础。研究性阅读强调研究的过程，教师经过对材料的整理、分析，不断调整、矫正自己原有的思想观点。在质疑、阅读、思索、讨论、解疑等过程中，进行学习研究，这就是一种超越自我的创新活动。在阅读中，随着教师的认知水平和能力的不断提升，阅读内容也会不断扩展、不断丰富和更加综合。而教师阅读与研究的空间，也进一步扩大，并深度发展，在学习和掌握阅读方法的同时，教师的研究水平也会得到提高。

5.4 如何推动教师专业阅读

著名教育学家苏霍姆林斯基认为：教师最终要成为教育的研究者，并且强调教师阅读不是为了应付明天的课，而是出自内心的需要和对知识的渴望。阅读是每个人精神成长的必由之路，是每个人不可或缺的生活方式。中小学教师是人类社会中最需要阅读的人群之一。教师阅读既是自身生活或专业素养提升的需要，也是培养学生的职业发展要求。教师就是教书育人，教书，自然一生以书为生、以书为伴。阅读是教师终身学习的重要途径和方式，也是实现终身学习的前提和基础，是胜任教育教学工作的基本能力，是过好充实有意义生活的奠基。

5.4.1 审视教师的阅读现状

我国国家语言文字工作重大科研项目"面向基础教育的阅读行动研究"课题组对全国部分中小学教师阅读现状进行调查，发现教师的阅读量、阅读内容、阅读时间、阅读保障等数据令人忧虑。[⊖]

针对当前教师的阅读现状，有人甚至说，教育最可怕的事情是"一批不喜欢读书的人在教另一批人读书"。尽管这种说法有失偏颇，但也从一定意义上反应当今教师专业阅读的现实问题。教师阅读时间、阅读总量等严重不足，已经成为教师专业的发展桎梏，这严重影响中小学教师队伍的专业化发展，导致中小学教育改革与创新精神严重不足。中小学教育教学缺乏特色，"千校一面""千课一面"，已经成为广泛的社会诟病。

2017 年颁布的《全民阅读促进条例（草案）》，将全民阅读上升到国家战略层面，受到法律保障，指出："为促进全民阅读，保障公民的基本阅读权利，提高公民的思想道德素质和科学文化素质，培育和践行社会主义核心价值观，传承中华优秀传统文化，推动社会文明程度显著提高，根据宪法和有关法律，制定本条例。""国家促进全民阅读，应当遵循公益性、基本性、均等性、便利性的原则，培养公民阅读习惯，提高公民阅读能力，提升公

⊖ 任翔. 教师阅读决定国民素质与民族未来 [J]. 中国教师，2017（8）：20-23.

民阅读质量，传播有益于公民全面发展和社会文明进步的科学文化知识。国务院和地方各级人民政府应当依法保障公民参加全民阅读活动的权利。"

《全民阅读促进条例（草案）》是为了促进全民阅读。这样的文件的颁布，既是对全民阅读进行倡导，更是激发社会各界关注并参与阅读。阅读应该成为现代人的生活方式。对教师而言，阅读就更加重要。阅读能够促进教师专业成长和人文素养提升，有助于教师完善人格、增长学识、丰沛精神、笃定信念，成为习近平总书记所要求的"四有好老师"。

阅读是人最基本的学习能力。人和人之间的差别，表面上看是能力的差别、职位的差别、财富的差别，但实际上，最终反映的是人的学习力的差别。如果有了学习能力，很多问题都能解决，但如果没有基本的学习能力，就很难应对社会的变化。教师是通过阅读来应对变化的世界、未知的世界的，可以通过一张报纸、一份说明书、一篇论文、一部专著，甚至一部电影、一次演讲、一部电视剧、一个网络动漫，来认识和应对一个完全未知的新世界。

人人都可以通过阅读获来认识世界。阅读是现代人最基本的学习能力。对教师而言，阅读可谓是教师职业的职责，是一种职业使命。因为阅读对教师而言，有一种社会责任在里面。阅读是教师知识和精神的源头，教师要通过阅读来获得知识，通过知识来引导学生。通过阅读改变人格，通过人格影响学生。实际上教师阅读最大的作用还在于职业的需求，教师通过他（她）的阅读来培养学生，来改变学生，甚至改变家庭。

全民阅读在某种意义上，需要借助学校、家庭、社会的力量；需要以教师为中坚力量，带领家庭和社会来阅读。对全民阅读而言，教师处于核心的位置，教师的阅读是教师的一种社会责任、一种义务。其他行业也需要阅读，但是教师的阅读尤其重要，所以阅读是教师的职责，是必备的职业素质。教师职业阅读，也与其职业发展极为相关，教师是人类历史上最古老的职业之一，是读书、教书、写书的职业，贯穿于教师职业的全过程。

教师只有源源不断地从阅读中获取新知识、新感悟，才能给学生带来新的启迪。阅读不是孤独者的事业，不是个人的事业。阅读本质上也是一种沟通和对话，因为我们读了书就需要分享自己的体会和经验，从这个意义上看，书籍就是一座桥梁，阅读能够拉近人与书、人与人之间的距离。教师的阅读其实有两个功能：一是个性化的阅读，为了丰富自己的生命；二是功能性的阅读，要影响周边的人。

5.4.2 建立教师阅读工程

在当今学校里，由于学生管理工作的不断加重，教师面临教育教学任务不断加重，每日都处于忙碌、繁忙的教育教学工作之中，阅读成为一种"奢侈"的事情。在这种现实情况下，教师阅读需要专业人士的推动。近年来，我国基础教育领域涌现了不少阅读推广人，《中国教育报》《中国教师报》每年都举办各种形式的教师阅读推广活动，评选年度优秀教师阅读推广人。

2006年，北京市海淀区教育科学研究院就以项目研究的方式，建立了面向全区全体教师的"教师阅读工程"项目，每五年为一个阶段，开展"书香校园""最美阅读者"等评选工作，对区域推进教师阅读活动进行全面总结。通过持续不断的教师阅读工程，培养一批"愿读、爱读、会读、能读"的优秀教师。通过教师阅读工程阅读，改变教师的职业和专业发展状态，激发教师渴求知识的内在动力，促进其阅读意识、阅读习惯和阅读能力的不断提升。北京市海淀区"教师阅读工程"的工作目标如下：

（1）**形成可操作的阅读管理制度**。将"教师阅读工程"纳入教师继续教育管理体系，以计入继续教育学分的方式，鼓励教师积极参与读书活动；每年有计划地分类推荐教师必读和选读书目，由各学校据此有计划地组织教师开展阅读，并有重点地开展读书沙龙活动。

（2）**形成"爱阅读"学习共同体**。倡议学校建立"书香校园"，以年级或学科为单位，组建教师读书会，形成"爱阅读"学习共同体，引导教师在阅读中感受教育真谛，探讨和研究教育问题，分享和交流阅读经验，感受阅读美好，培养阅读兴趣，享受阅读乐趣。

（3）**推出优秀教师读书明星**。将科研院所或期刊报社等优秀阅读推广人引进校园，组织开展阅读推广活动，以教师阅读引导学生阅读。每年组织开展教师阅读明星评比活动，形成良好的校园阅读氛围，为广大教师树立身边的榜样，以此带动更多的师生参与专业阅读活动。

（4）**建立教师阅读支持环境**。充分利用各个学校的图书馆、阅读角、校史馆等文化资源，为教师阅读提供良好的支持环境。充分利用海淀区的优质文化资源，组织教师走进社区书店、图书馆、文化馆，为"教师阅读工程"提供全方位的支持和帮助，引导教师开展专业化的读书活动。

教师阅读是极为广泛的，包括文学类阅读、生活类阅读和消闲类阅读等。"教师阅读工程"所倡导的阅读，主要是指教师的专业阅读，如图5-6所示。

每年北京市海淀区教育科学研究院都组织专家，为教师推荐优秀的教师专业阅读书籍。"教师阅读工程"建立自己教育类图书推荐平台，每学年50本书教育心理学书籍。书目推荐平台采用开放式、互动式推荐方式，每位教师都可以在平台上推荐自己喜爱的书籍，达到与更多教师交流分享的目的。所推荐书籍遵从以下四个原则：

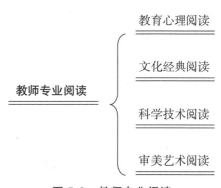

图5-6　教师专业阅读

一是整体性原则。"教师阅读工程"项目是涉及教师素养提升和学校文化建设的系统工程，要求学校运用整体性的眼光科学规划、统筹安排，正确处理好读书与工作、实践与研究、学习与反思的关系，将养成教师阅读习惯与提高教师教育理论素养结合起来，将教育实践反思与提高教育研究能力结合起来，提升学校和教育发展的内生动力。

二是多元化原则。阅读作为教师的学习方式，具有个性化、多样化特点，阅读内容、时间、安排、方法、方式等都要因时而异、因人而异，一方面学校要积极鼓励教师开展个性化阅读，满足教师精神发展需要，同时也要从教师的专业发展要求出发，激励教师积极参加学校组织的阅读工程，以阅读沙龙等方式，吸引教师参加专业阅读，实现阅读的多元化发展。

三是专业性原则。以提高教师人文素养、科学素养和教育素养为目的的专业阅读，着眼于教师专业发展，引导教师将阅读行为与教育教学实践相结合，将阅读过程与实践改进过程相结合，鼓励教师在教育实践中阅读，在教研、科研活动中阅读，以广泛的专业阅读，不断提高自己的专业涵养和专业水平。

四是有效性原则。建立"教师阅读工程"，就是要提高教师阅读的实效性，通过有计划、有目的的组织教师阅读活动，辅以有意识、有目的的专家引领，促进教师教育教学思想理念更新，促进教育实践创新，探索建立科学有效的教师阅读激励机制和评价体系，让阅读成为教师汲取专业营养的有效途径。

当然，教师阅读什么样的书籍，是与个人兴趣、爱好、习惯、动机及经历等紧密相关。从某种意义上讲，阅读是个性化的事情，但对于教育行政部门和教科研部门建立的"教师阅读工程"而言，显然立足点是不同，强调教师的专业阅读：要求多读一些专业经典著作，提升其教育理论素养；要求多读一些人文、科学方面的书籍，拓展教育视野和思维深度；要求多读一些与学科教学相关的书籍，提高其教育教学实践能力。

阅读也有着不同的类型，比如日常性阅读、休闲性阅读、公共性阅读等。对教师而言，需要推广的不是日常性阅读，而是专业性阅读。"教师阅读工程"致力于教师的专业阅读，希望教师在专业阅读中获得知识，并且学以致用，知行合一。"教师阅读工程"倡导养心养德的教师阅读。

海淀敬德书院专门设有针对教师的读经课程，聘请著名高校教授和学者，带着中小学教师阅读《论语》《大学》《孟子》和《中庸》。通过传统文化学习达到养心养德的目的，培养具有仁爱之心的优秀教师；倡导专业发展的教师阅读。引导教师开展专业阅读，给教师推荐优秀的专业书籍，鼓励教师开展教育理论思想的专业阅读，培养教师专业精神和素养。教师阅读具有"读以致知、读以致用、读以修为、读以致乐"等重要作用，阅读目的是多样化的，既有教育专业类阅读，也有生活休闲性阅读。通过有组织、有计划的"教师阅读工程"项目，帮助教师走上专业阅读、专业发展之路。倡导生活娱乐的教师阅读。

5.4.3 创新教师阅读方式

进入互联网时代，教师阅读内容、阅读载体、阅读形式等也都在悄然发生变化。各种各样的电子阅读出现在我们的生活中。随身携带的电子阅读器、手机、计算机等，都可以成为数字化的阅读媒介。特别是各种微信公众号，使得数字化阅读随时随地都可以发生。

1 阅读媒介：书本阅读和数字化阅读并存

阅读的对象是承载知识和思想的文字、图形等符号，这些符号需要一定的载体来呈现，这就是阅读媒介。书籍阅读是一种传统的阅读方式，包括图书、报纸、期刊阅读等，是纸质媒介。"开卷有益""读万卷书""书非借不能读也"等这些传统的读书美德，正在发生变化。数字化阅读媒介已经出现，包括网络在线阅读、手机阅读、电子阅读器阅读等，是利用电子化媒介的数字化阅读。数字化阅读也是现代社会重要的阅读媒介和方式之一。

2 阅读方式：书本阅读与有声阅读并存

用有声阅读（即"听书"）的人数也在逐年增长。利用移动有声 APP 平台等媒介听书，通过听觉通道获取信息，错过了还可以重放，可以随时随地听，可以按照自己的节奏听，也可以反复听、跳跃听。以中国新闻出版研究院全国国民阅读调查数据为例，2017—2019年，不管是成年国民还是未成年国民，选择听书的人都在显著增长。成年人"听书"增长更快，更加适应移动的场合（如开车、骑自行车、走路等）选择"有声阅读"。

3 阅读内容：文字阅读与图片阅读并存

文字是一种特殊的符号，不同语言体系都有一套特殊的文字符号。不同学科也有相应的表达语言，比如计算机程序、数学公式、化学方程式、物理学符号、地图图例等。阅读文字或公式、程序，必须理解后才能转化为头脑中的信息，这种阅读和转化本身就是训练思维的过程。自从有了数码相机之后，获得图片几乎不需要成本，因而图片的生产和传播量越来越大。比如要了解一个旅游景点，数百年前的人们基本是通过阅读别人写的游记，或阅读地理类书籍，才知道那个地方的风土人情，比如，如今各种风景图片、录音录像等，也提供了另一种阅读方式。

总之，通过阅读自我完善，不仅包括更新知识结构、提高工作能力，阅读还是提升修养的有效"法宝"。"腹有诗书气自华"，通过阅读修身类、人文类、艺术类书籍，补充礼仪常识、文化常识、生活常识，提升人文素养、艺术素养，满足人们对诗礼修身、艺术熏陶、文化陶冶的需求。阅读可以丰富教师的职业生活，修炼专业精神，达到自我完善和专业发展的最终目的。

CHAPTER 06

第六章　教师研究需要怎样的信息素养

2018 年 4 月习近平总书记在全国网络安全和信息化工作会议上强调："信息化为中华民族带来了千载难逢的机遇。"以互联网为核心的新一代信息技术正在将人类从工业社会带入信息社会。与工业文明出现时的作用一样，信息社会将从根本上改变工业社会生存的理念、社会组织体系和生活方式。人工智能又将信息化发展、提升到新高度。互联网与人工智能变革了传统教育供给方式，提供了更加便捷的共建共享教育资源平台。

6.1　技术重构教师研究

以互联网为核心的新一代信息技术，正在把人类社会从工业化时代带入到智能化时代，彻底改变社会的组织形态和生活方式。尽管相对金融保险、医疗卫生、商业贸易、交通运输等行业而言，互联网对教育的改变相对比较缓慢，是潜移默化、逐渐彰显的。但是，互联网和人工智能改变教育也是一个必然的过程，尤其是对教育思想、教育模式、教育评价等领域的变革则需要经历探索、发展和逐渐完善的过程。

教育信息化发展已经进入一个关键时期，已经从基础设施建设的"三通两平台"1.0 时代，走向与教育深度融合、应用导向的 2.0 时代。新冠肺炎疫情防控期间，线上与线下教育的融合发展，已经为基于互联网的空中课堂、远程课堂和双师课堂等，提供了广泛的应用前景。特别是各种类型教育资源平台建设，为中小学生开展跨学科综合学习、项目化学习、主题化学习、实践学习等提供了充分的资源和条件，从而有利于教师培养学生的计算机运用能力、网络学习能力、批判性思维能力和创新思维能力，也有效提升学生在互联网背景下获取、分析数据和信息能力。

教育信息化发展也为教师研究与专业发展，提供"书籍与图书馆"所无法代替的重要资源优势，提供了一个无时空边界的、更为广阔的虚拟学习资源空间，能够为教师开展文献研究和比较研究提供极其有效便利的空间，使得网上教育研究成为可能。教师可以利用互联网突破教育研究的时空界限，利用无限丰富的教育资源平台，在互联网平台上建立更为广泛的教师网络研究空间。无论是研究的方向、内容、方式、方法等，还是研究的深度、广度和宽度等都会得到无限拓展，教师研究的场景和方式等也都会发生深刻变化，教师研究的创新思维和创新能力也得到了大大提高。

这就要求教师必须具备利用互联网平台和网络空间建立线上研究共同体的能力。所谓线上研究共同体，就是指由教师同行、教育专家等共同构成的线上研究团队，他们彼此之间经常在研究过程中进行沟通、交流和分享各种学习资源和研究成果，共同完成一定的研究任务，因而在成员之间形成了相互影响、相互促进的人际联系。线上研究共同体开始由边缘或外围开始，之后逐渐进入核心地带，进而不断深入参与实践，其特点是正向、积极、多元、包容。

在线上研究共同体中，随时间的推移与研究者经验的逐渐增加，研究者能够合理分享和利用共同体所积累的相关资源，而分享与利用的程度随研究者与情境之间的互动水平而异。在线上研究共同体中，研究者对共同体的归属感、认同感以及从其他成员身上所得到的尊重感，有利于增强教师对共同体的参与程度，维持他们持续、努力的研究活动。

当然，教师要建立基于网络学习空间的线上研究共同体，即网络学习和研究共同体，就需要遵从一定的网络伦理关系，懂得一定的网络安全知识，具备一定的网上信息分析、批判和鉴别能力，不断提升自身网络学习和研究能力，开展基于网络的教育科学研究活动，这样才能真正做到信息化赋能教师研究，促进教师信息化应用能力的不断提升。

应该看到，在一个快速变化、知识不断更新的社会里，机器学会了学习；如果教师缺乏必要信息技术应用能力，将难以适应互联网、智能时代的挑战。信息技术应用能力将是未来社会最基本的能力。网络学习空间已经成为师生进行沟通、交流、分享各种学习资源和学习经验的平台。如何科学利用和共享互联网学习空间资源，共同完成一定的学习和研究任务，形成相互影响、相互促进的人际网络和人际联系，是信息化背景下教师开展研究的前提和必要条件。

教师要充分利用互联网环境中的资源。互联网有汇聚联通的功能，在互联网环境下，人们的知识和信息都发生了变化。互联网上的知识既有动态主观的知识、境域操作的知识、综合碎片的知识，也有海量的网络信息。互联网上大量知识和信息都是研究必不可少的素材，教师要用好互联网的这些知识和信息。目前，北京市海淀区借助良好的教育信息化基础设施，搭建了中小学资源平台和海淀教育云直播平台，这都为教师线上教育教学研究提供了网络空间，为教师提供了更加便捷、更加适宜、更加绿色的网络学习和研究空间，服务全面提升教师信息素养，推动课堂教学的深度变革，实现更为有效、更为便捷的联通式教学。

6.2　智能时代教师研究的形态变化

　　智能时代对教师专业发展提出了新的目标要求。《2021 地平线报告（教与学版）》明确提出了确保教师技能和素养与技术同步的重要性。在新的教育生态中，教师面临着教与学关系的重构、教学内容的更新、教学空间的转换等新挑战，这对教师的教育教学能力、技术整合与应用能力、学习支持与研究能力等都提出了新要求。智能时代教师"怎样学习最有效""怎样研究最有效"成为根本问题。这种引发教师研究形态的根本变化，如图 6-1 所示。

图 6-1　智能时代教师研究的形态变化

6.2.1　智能时代教师研究的思想变化

　　长期以来，教师研究主要采用理论学习、实践验证和经验提升的范式。教师研究课题或项目，多采用专家讲座、理论指导、策略措施、实践检验、效果评估等范式进行，常常依靠专家指导、同行互助或个人反思等方式开展研究。智能时代创立了一个线上"资源共筹、思想共享、联通活动"的大数据研究范式。这种基于智能技术大数据的研究范式，能够支持教师研究全过程，包括数据采集、证据分析、观点提炼等，从而为教师专业学习和研究提供决策依据，促进了教师研究的科学性、客观性和真实性。智能技术赋予了教师研究思想的新内涵，为教师构建了学习与研究的新实践环境，促进教师研究模式的创新和变革。

6.2.2　智能时代教师研究的手段变化

　　互联网、大数据、学习分析、人工智能技术等能够为教师研究创设新环境、提供新工具，例如互联网研究环境、虚拟实践研究场景、教师研究评价工具、知识信息管理工具等，同时也为教师学习与研究提供了新的方法手段。教师既可以在实践工作场景中随机采集研究数据，也可以利用随身携带的智能技术产品，在线上与线下结合的工作场景中，随时采集研究数据，为研究提供全过程的数据采集、专业学习电子档案、教师成长画像、研究成果分析等。实践中正在涌现的一些"智能＋研究"新模式，通过新的学习空间、新的评价技术、新的学习支持技术，带来研究设计、组织形态、技术支持、结果评价的改革与创新，满足教师对能力为本、真实情境、弹性学习、专业研究的现实需求，实现理论与实践的融合，真正形成协同合作的教师研究共同体。

6.2.3　智能时代教师研究的模式变化

智能技术能够创设多元异步的专业研究空间，促进非正式研究与正式研究的融合，推动线上、线下与工作现场研究融合的混合式研究模式。智能技术促进了研究模式结构的变革，创建了协作互通的研究氛围，发挥社会的协同力量，促进了研究模式的协同化、专业化和精准化发展，催生了网络研究、混合式研究、研究共同体、协同研究、数据驱动的精准研究等新的研究形式。这种研究模式，既可以是以学科研究为中心，成为典型的线上学科教研模式，线上教研也已经成为教师研究的主流形式之一；同时，还可以是以课题或项目为中心，创立主题式、项目化的教育科学研究模式，而这种线上与线下结合的研究范式，也逐渐成为当前教师研究的主要模式之一。智能技术催生了新的教师研究组织样态，如汇聚一线教师的知识与经验的研究共同体、专业研修社区等，为不同区域、学校、学科的教师搭建沟通协作的桥梁，为教师提供了群智协同、经验汇聚的研究或讨论平台。以大数据、人工智能为代表的智能技术，能够深度揭示教师研究的本质规律，如教师的专业学习规律、教师的知识生成规律、教师研究发展规律等，不仅能为教师研究创设灵活开放的资源信息空间，也能为研究问题解决提供合作互助的线上学习与交流场景，更能为促进教师理论与实践相结合提供更加畅通有效的教育研究平台。

6.2.4　智能时代教师研究的活动变化

智能技术能够为教师专业发展创设基于真实教学情境的、线上线下与教学现场融合的全时域的学习空间，真实任务驱动的问题解决式学习，以及沉浸式的学习体验，从而激发教师的内在动机与深度参与。研究活动的组织，既可以是线上的，也可以是线下的。例如远程同课异构活动，就是通过网络视频会议和直播技术将线上线下与教学现场融合，为教师创设真实的教学情境，帮助教师解决真实教学问题的混合式研修活动。智能时代的教师研究，需要能够持续关注每位教师的研究主题，并为教师提供动态的支架式指导与支持，如基于网络的专家引领与同伴互助、共享式实践知识库、全过程的智能化学习引导、即时的学习激励等。这要求教师能够应用智能技术，创新教学资源、教学策略和教学模式，特别是信息技术与学科教学融合的教学模式创新。这种线上线下相结合的研究活动，对提高教师研究能力和水平具有重要意义。

6.2.5　智能时代教师研究的能力变化

智能时代技术的应用会更加复杂化和多元化，要求教师在更复杂的教育情境下完成主题研究任务，这对教师的研究资源选择能力提出了更高的要求。教师需要具备设计智能教育环境下的课题研究设计能力，能够恰当选择、应用智能技术，建立线上研究共同体，创设真正合作协同的研究环境。这就要求教师能够充分认识教师研究的实践性、参与性、反思性等特征，具备辨析、分析、选择、决策等独立自主开展创新研究的基本能力。智能时代的教师研究融合了线上与线下两种方式，这对教师的自主研究能力、自我调节和适应能力等都提出了更高的要求，要求教师能够自主确定和选择自己的研究目标，规划自己的研究路径，主动选择和参与学习社区，反思并调整自己的研究进程。

6.2.6　智能时代教师研究的伦理变化

为应对智能时代带来的教师研究过程中数据安全与隐私保护的困难，教师需要具备基本的信息素养和伦理道德，平衡数据应用与隐私保护之间的关系。教师需要提升信息应用能力、大数据素养，以及知识产权保护意识，具有对教育数据的解释和分析以及基于数据的决策能力。教师要严格遵循国家大数据的隐私道德准则和知识产权保护的法律规定，不断增强自身互联网隐私保护意识和大数据伦理道德修养。

6.3　教师研究的信息素养

信息素养是由时任美国信息产业协会主席保罗·泽可斯基（Paul Zurkowski）于1974年提出来的。信息素养概念一经提出，便得到了广泛传播和使用。各国学者对信息素养展开了广泛探索与深入研究。1989年美国图书协会提出的信息素养包括文化素养、信息意识和信息技能等三个层面，其核心是信息获取、评价与应用信息等素养，即能够判断什么时候需要信息，并懂得如何去获取信息，了解如何去评价和有效利用所需的信息[一]。

教育研究领域则认为信息素养包括信息意识、信息知识、信息能力和信息伦理等四个层面，见表6-1。其中信息意识是先导，信息知识是基础，信息能力是核心，信息伦理是保障，四个层面共同构成一个统一整体。

○　金国庆.信息素养一词的概念分析及历史概述 [J].国外情报科学，1996（1）：28-35.

表 6-1　教育研究领域的信息素养

层面	内容
信息意识	是指教师对教育教学信息性质、地位、价值和功能等的态度和情感，包括信息敏锐的感受力、判断能力和洞察力
信息知识	是指教师对教育教学信息本身及信息工具的认知程度，包括信息分析、加工、提升和创新能力
信息能力	是指教师对教育教学信息本身及信息工具的理解、获取、利用，包括运用信息工具的能力，获取信息的能力，理解信息的能力，处理信息的能力，表达信息的能力和创新应用信息的能力
信息伦理	是指教师在教育教学信息获取或应用过程中，应该遵守的道德规范和社会伦理，包括对不良信息免疫能力和对信息安全的认知能力等

　　信息素养是教师应对信息化环境下的生活、学习和工作所必备的核心素养，直接决定了教师研究的"深度和广度"，没有信息素养，教师研究就没有根基。现代社会中教师获得信息的来源，不仅是报纸期刊、文本书籍、广播电视、社会实践等，更重要的是通过互联网以及人工智能技术设备等获取信息、开展学习。当前借助互联网，已经建立了各种网络学习空间。教师在教育教学活动中，经常会检索、查阅、获取、归纳、分析和解读各种信息并恰当运用，包括有效吸收、理解和利用信息、并对信息进行辨认、批判和接受等。从教师研究角度来看，信息素养不仅包括查找、获取、分析和辨别信息，也包括正确评估、选择、应用信息等，还包括有效地利用信息，表达个人的思想和观念，并乐意与他人分享信息等。

　　信息素养不仅是一种信息获取能力，实际上也是教师对信息社会的适应能力。信息素养是教师研究过程中了解、搜集、评估和利用信息的能力，包括获取信息的敏锐性、处理信息的准确性、评估信息的科学性和应用信息的独创性等。在现代社会里，教师必须能够熟练使用各种信息工具，特别是网络传播工具，根据自己的研究目标，有效地收集各种研究资料与信息，能熟练地运用阅读、访问、讨论和检索等获取信息。同时，能对收集的信息进行归纳、分类、存储记忆、鉴别、遴选、分析综合、抽象概括和表达等。

　　教师需要结合自身研究目标与方向，收集信息，并把多种途径收集的信息，采用文献分析方法，进行综合分析梳理，善于运用收集的信息解决研究问题，让信息发挥最大应用效益，形成新的思想观点，构建自己的理论研究框架体系，从而创造新信息，达到收集信息应用的最终目的。当然，教师也需要具备信息的选择和甄别能力，能够在浩瀚的信息资源库中精选有用的信息。庞大互联网信息往往良莠不齐，这就要求教师能够根据自己的研究思想、观点，甄别和选择信息，自觉抵御和消除垃圾信息及有害信息的干扰和侵蚀，形成教育研究必备的信息伦理素养。

　　教师可以在互联网空间上建立自己的教学资源库，精选优质资源，如精心制作的教学课件、教学设计和课程视频等。这样可以帮助教师充分利用校内外、跨区域课程资源，实现对学科课程资源进行有机地整理、积累，实现具有真正意义上的整合，优化资源供给。同时，基于网络学习空间建设的家校互动平台，集成了师生、生生、家校互动功能，方便教师对学生进行课后指导，学生也可以将课中课后的学习内容上传至网络学习空间，有利于家长与教师的监督。这样家校之间的沟通方式也得到了改变。

信息素养其实是教师终身学习的有机组成部分。信息素养有助于教师摆脱传统思维方式的羁绊，在整合各种信息资源的基础上，建立自身新的知识结构和体系，形成科学研究教育教学问题的能力和水平。同时，也有助于教师开阔视野，丰富思想，形成解决教育问题的思路和方法，找到综合分析、判断各种问题解决的途径与工具，不断提高自身的专业内涵，持续推进教育研究工作。

6.4 教师研究的信息技术能力

2018 年 4 月教育部印发的《教育信息化 2.0 行动计划》中提出："推动从教育专用资源向教育大资源转变、从提升师生信息技术应用能力向全面提升其信息素养转变、从融合应用向创新发展转变"。显然，面向未来的互联网、人工智能时代，教师需要具备教育素养、思想素养、专业素养之外，还需要具备信息技术理解和应用素养。那就是利用信息技术创建生动活泼、图文并茂的人机交互学习环境，充分利用信息技术辅助教学手段，做到教学与研究两不误，相生相长。

所谓教师信息技术素养，是指提升广大教师对教育信息化的理解、认识、伦理、知识、技能及应用等基本素养，使得教师具有如图 6-2 所示信息技术能力。信息技术素养是一个动态的、逐步形成的过程，也就是教师对信息技术素养的逐步理解再加之运用的过程。

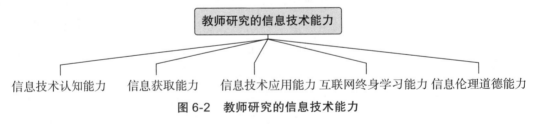

图 6-2 教师研究的信息技术能力

1994 年，美国学者麦克库劳（McClure）提出，信息素养包含知识和技能两个方面。信息技术素养是一种发展中概念，会随着现代教育技术发展不断完善。其中信息技术应用（Information Technology Application，ITA）能力和信息技术理解（Information Technology Understanding，ITU）能力属于信息素养的两个关键成分。信息技术理解能力包括对网络信息技术的感知、判断、评估和反思等方面的能力。信息技术应用能力一般可被视为在普遍的信息获取、交流、娱乐、商务的基础上进行网络学习、网络社交、网络交易以及网络娱乐等方面的能力。信息技术理解是信息技术素养的基础，信息技术应用是信息技术素养的核心，也是信息技术素养的行为体现。随着人类社会网络安全意识的加强，信息技术素养中还包括网络安全意识、网络守法自律和网络道德能力等因素。

6.4.1　教师研究的信息技术认知能力

在 2017 年国务院印发的《新一代人工智能发展规划》中，就明确提出了智能技术在教育教学中深度应用的问题，要求利用智能化技术改造目前的教育生态，提高教师对人工智能的整体认知和应用水平，要求探索使用智能导师系统、智能评分系统、个性化学习系统、虚拟现实学习系统、学习预测分析系统、机器翻译和游戏化学习等智能技术辅助教学。随着高性能计算、图形图像处理、人机交互等技术发展，虚拟现实技术也得到了迅速发展。

计算机、互联网为教育信息化提供了平台，VR/AR 则可以为教育教学情境设计、展示和教学的实施提供全新的平台和手段，也可以通过情境创设，使教师和学生投入到可感知的、逼真的学习环境中，这对于引导学生感知微观世界的分子原子运动、人体三维器官组织及循环系统、宏观世界的太空、太阳系等教育场景，显然具有常规教学所无法比拟的优势，对于培养学生的科学学习能力、批判性思维、创新精神及实践能力都有重要的帮助。这就要求教师尊重新技术、认识新技术，不断学习新技术，并积极应用新技术改进教育教学。

在信息技术迅猛发展、网络学习资源发达的未来社会，教师能否有效地获取、评价和利用所需要的教育信息，成为未来教师必不可少的素养之一。同时，教师需要主动适应人工智能、信息技术等教育信息化的变革，灵活地利用信息技术开展教育教学，如利用信息技术创建生动活泼、图文并茂的人机交互学习氛围，有效利用互联网提供的丰富教学资源开展教学，充分利用信息技术手段辅助教学实施等，都需要教师具有较高水平的信息技术素养，这是面向未来教师职业发展的根本要求。

6.4.2　教师研究的信息获取能力

互联网为人类知识和信息的几何增长提供了最好的释放空间。互联网背景下，人人都是信息的分享者，又是信息的生产者；教师在获得信息同时，也在生成信息。互联网上的信息量就是这样每时、每刻都在高速增加。在如此庞大和快速增长的信息网里，尽管有简单、快捷的搜索工具，但是要精确地检索到所需要的信息，也并不是一件易事，需要确定关键词、二次检索以及搜索式阅读等，这都需要一定的信息获取能力。各种各样的视频、音频、程序、文本、图像等信息交叉而有序地分布在互联网上，需要经过计算能力极强的大数据分析，才能够筛选、组合、转换、整理、提炼出有用的信息。

面对这样一个庞大无边的信息资源库，教师必须具备熟练运用搜索引擎、信息分析、信息处理等能力，利用搜索引擎、专业网站获得更直接、更有用、更便捷等信息资源。同时，教师需要熟练掌握一些加工处理信息的工具，比如用来编辑文档的 Microsoft Word、开发多媒体课件的 Authorware、处理数据的 Microsoft Excel 、制作动画的 Flash 等；传递和发布信息的工具，如 PowerPoint、E-mail、BBS、ftp 等；要掌握一些保存信息的工具，如网络硬盘、服务器空间、光盘、移动硬盘、U 盘、软盘等；需要掌握一些网络协作学习的工具，如新闻组、聊天室、网上传真、论坛等。当然教师还应当具备一些信息资源管理的技能，如网络资源的查找、分类、储存、提取，为网络资源建立收藏夹、多窗口浏览、资源下载等基本技能。

教师需要率先学会使用网络学习空间，并自觉参与到各种网络学习共同体中，进行沟通、交流、分享学习资源和经验，与其他学科教师协作，共同完成一定的学习任务，形成相互影响、相互促进的网络人际关系。要培养教师终身学习能力，还需要教师具有教育学、计算机、统计学和学习科学的背景知识，具备多学科的交叉能力和素养，能够从互联网上自由获取有用信息。

所谓网络学习空间就是教师之间的交流、分享、沟通、反思、表达、传承等活动的载体。它是教师之间进行交互的一种网络设计产品，既指网络虚拟学习环境，也指个体能够存放知识、分享知识的物理空间。网络学习空间支持线上线下交流交替进行学习，倡导个性化学习，引导教师可以根据自己的能力、兴趣、爱好自主地选择教师课程、学习内容、进程和资源，改变了传统学习资源的获取方式，形成处处能学、时时可学的新生态。教师在网络空间上学习，还可以随时通过空间社区在线寻求帮助，也可以邀请其他教师、学生共同参与讨论、解决问题，不受时间、地域的限制而自主地进行学习。

6.4.3　教师研究的信息技术应用能力

现代信息技术进入课堂教学，改变了原来单纯的"师生"二元关系，增加了技术媒介的作用，形成了"教师—技术—学生"的三元结构，可以说是技术促进了课堂教学变革，借助互联网、人工智能的技术手段，能够让学生成为课堂教学真正的主人，教师则成为为教学过程的设计者和指导者。信息化为教育提供优质的教学资源、学习资源和教学场景，教师需要具备信息化背景下的教学设计能力、使用技术终端教学能力、课堂教学调控能力、师生交往能力和教学评价能力。网络环境下的课堂对师生的信息素养都提出了新的要求，在传统课堂教学过程中，新知识、新信息、新任务都来自教师、来自书本。而在信息化支持的课堂上，新知识、新信息可以来自书本，更多来自计算机网络，学习超越了时间和空间的限制，向更广阔的时空延伸。

教师教学任务不再是提供最好的讲授，而是为学生设计最适合的学习环境、帮助学生设计最适合的学习策略。教师还需要具备信息化背景的教学评价能力，如能够设计教学评价表，通过学生进行自评和互评，对学生的学习效果进行及时的评价反馈。人工智能技术将成为教师的得力助手，推动个性化、适应性教学开展。比如，学习分析技术可以帮助教师更好地实施个性化和适应性教学活动；模式识别技术（如情感识别等）可以自动识别学生情感状态，以便实施适应性教学；自然语言处理技术可以作为教学辅导工具应用到语言教学上，也可以作为人机交互手段应用到智能教学系统上，实现自动答疑；虚拟现实技术能够支持创建模拟环境，向学习者提供视觉、听觉、触觉等多种感官刺激，也可以实现实时交互，为学生提供真实性、交互性以及沉浸性的教育环境，教师可以引导学生在虚拟现实的仿真场景中参与体验活动，帮助学生获得更丰富、更深刻的学习体验。

6.4.4　智能时代教师研究的互联网终身学习能力

未来教育要致力于培养面向人工智能时代的创新人才，引导学生在学习中，发展关键能力与核心素养，培养创造力而不仅仅是记忆知识，关注个性化、多样性和适应性的学习，为学生终生发展和幸福奠基。这就需要教师具备互联网终身学习能力。

终身学习能力是信息技术与教育教学深度融合的显著特征。互联网提供了线上线下融合的无缝学习环境，不仅能为教学提供实景、多学科融合的学习环境，还为教师提供多种学习技术工具，网络学习空间为教师提供多种服务平台，就像智能手机上的 APP，为教师在网络学习空间中便捷地获得学习机会提供了最大可能性，并且还提供优质学习资源推送服务。

教师需要具备在线课程学习能力。在线开放课程具有广泛的参与性，教师可以根据需求自由地选择课程，在平等、民主和去中性化的情境中，教师可以与专家进行平等的交往交流，便于唤起教师的学习意识，促进其专业能力提升。在线开放课程为中小学教师开展同伴互评、写反思日志、讨论区发帖等提供交流机会和平台。它是现代教师进行主题交流的一种方法，能促进参与教师的反思与成长。

6.4.5　教师研究的信息伦理道德能力

信息技术带来了日新月异的数字环境，人工智能、大数据算法、图像识别技术、虚拟仿真技术等，深刻改变了教育教学方式。伴随而来的是种种信息安全风险，比如滥用人脸识别技术、算法偏见等，也让人们深刻感知到科技发展背后隐藏的伦理道德问题。人工智能算法带来的歧视隐蔽而又影响深远。由于信息技术门槛，客观上会导致并加剧信息壁垒、数字鸿沟等违背社会公平原则的现象出现，这些都是互联网世界的普遍伦理问题。

所谓信息伦理道德是指涉及信息技术开发应用、信息收集传播和信息资源利用等过程的道德要求、伦理准则和伦理关系等，它是以互联网、人工智能为主导的信息社会人与人之间以及人和社会之间的道德和行为规范的总和。对教师而言，是指教师在互联网环境工作中，应该遵守信息道德意识、信息道德规范准则、信息道德行为和信息道德评价等。

信息技术如同一把"双刃剑"，如果应用不当，就可能带来隐私泄露的伦理风险。如何在互联网和人工智能时代兼顾隐私保护，确保安全、可靠、可控，是一项亟须关注的伦理课题。教师在应用大数据、云计算、人工智能等信息技术手段开展互联网教学时，必须具备相应的信息伦理道德，能够依法获取和处理信息，能够妥善保护学生的个人隐私，不擅自的收集、存储、复制、传播学生个人信息，如学生个人身份信息、网络行为轨迹信息以及网络偏好信息等。同时，教师还需要能够积极宣传和保护互联网安全，并对互联网时代出现的各种教育现象进行甄别、分析和判断，并在教学过程中，能够有意识、有目的地培养学生良好的上网习惯，防止学生过度沉迷于网络虚拟世界，厌弃现实世界中的人际交往。对学生进行互联网世界的伦理道德培养，也是教师的信息技术伦理道德的应有之义。

6.5　教师研究的自媒体素养

随着信息技术的发展，人类进入的一个新的时代——自媒体时代，自媒体时代的到来改变了人们的生活方式与习惯，给教师专业发展带来了新的机遇与挑战。自媒体是指普通民众利用互联网手段对外发布他（她）自己的情感态度、真实生活、思想观点的新闻传播方式，是普通民众向不特定的大多数或者特定的单个人传递各类信息的新媒体总称。目前，生活中常见的自媒体平台主要有：BBS、微博、论坛、贴吧、QQ 空间、QQ 说说、博客、微信朋友圈、微信公众号、短视频平台等，这些已经渗透到人们的生活当中，成为人们日常生活不可或缺的一部分。

首先，在自媒体时代，教师需要具备熟练运用自媒体信息的能力。

自媒体时代，由于信息的传播速度快、传播形式多样、信息内容复杂多样，所以中小学教师承担着培养学生自媒体信息素养的任务，这就要求中小学教师要提高自身的自媒体信息素养。自媒体将每一个普通民众从网络中的"旁观者"转变成为"当事人"。每一个个体在互联网中都可以拥有自己的媒体平台，每一个个体都可以在自己的媒体平台上表达自己的观点、传递自己的资讯、构建自己的网络社区。自媒体平台没有空间和时间的限制，可以依靠数字科技的发展，在任何时间地点，大家都可以经营自己的"媒体"。自媒体信息能够迅速地传播，信息传播的时效性大大的增强。作品从制作到发表所花费的时间非常短，甚至可以实现同步，这是传统媒体无法实现的。教师不仅可以迅速地从自媒体平台中获取信息，还可以迅速地对自媒体中的信息进行评论。

其次，利用自媒体平台，提高教师自身的教育教学研究能力。

教师可以随时随刻通过自媒体平台查阅到提高教学管理和教学能力等的相关信息。比如，利用手机随时可以通过微信公众号、抖音视频、微博或论坛等进行学习，这为教师随时随地学习提供了很大便利，帮助教师及时了解本领域的新动态，把握新的看待问题和分析问题的方法，从而顺利地对学生进行学习态度的引导和价值观的塑造。教师可以借助自媒体平台搭建和延伸课堂教学。教师可以利用自媒体平台搭建自己的教育平台，作为学校教学补充或扩展，对学生各项兴趣爱好或特长进行培养与训练。在自媒体背景下，教师可以通过搭建自媒体教育平台延伸课堂教学，提高学生的综合素质修养。

最后，教师在教学过程中，对学生进行自媒体信息素养的教育。

中小学生由于年龄小、知识结构薄弱和生活阅历简单，他们缺乏对信息的甄别能力，容易被网络上的不良信息所诱导。所以，需要教师培养学生的自媒体信息素养，培养学生对自己所发布信息的责任感，即对自己发布的信息的准确性、真实性等方面负责；还要提升学生对来自自媒体信息的批判性思维，能对所获取的信息进行理性思考与审核，能将所获取的信息为我所用。

附：

北京市海淀区中小学教师信息技术能力提升课程体系

表 6-2　信息技术通识研修课程维度

项目	角色	课程维度			
专岗专项研修	学校主管信息化领导	信息化领导力	校园信息化总体规划与智慧校园建设	信息技术示范区/示范校交流	互联网高新技术企业人工智能新技术交流
	学校信息化管理人员	信息技术前沿讲座	《中华人民共和国网络安全法》解读与案例分析	信息化课题研究	创新工具在学校日常管理中的应用
	网络与系统管理人员	《中华人民共和国网络安全法》解读与案例分析	网络安全前沿技术与常见攻防技术实操	Python网络爬虫与信息提取	信息安全
	信息技术教师	理论—信息技术教学法	教学—教师信息技术应用	AI—人工智能教育应用	素养—教师信息素养
	教育技术应用支持人员	多媒体教学环境认知	多媒体课件制作	摄影、摄像与后期制作	融媒体与信息发布
	学科一线教师	多种媒体素材加工、课件制作	文字排版（教案、论文、研究性学习方案、报告等）	教学创新工具在教学中的应用	如何有效组织线上教学
	非一线教师	摄影、摄像与后期制作	多种媒体素材加工、演示文稿制作	文字排版（教育成果报告、总结等）	数据处理、加工与分析

表 6-3　专岗专题研修课程维度

课程名称	实用教育技术
描述	围绕信息化时代教育领域教学中常遇到的一些技术问题展开介绍，主要帮助教师解决在教学和学习中遇到的一些技术难题。在基本理论和原理介绍的基础上，手把手讲解示范一些技术的基本操作过程。以操作示范案例详细讲解，使教师便于上手学习掌握技术。

（续）

内容要点	模块一：实用基本技能 　1.1　文本资源的获取与加工 　1.2　图像资源的设计与开发 　1.3　音频资源的处理 　1.4　视频资源的制作与开发 　1.5　动画资源的设计、制作与开发 　1.6　教学媒体操作技能 模块二：信息化教学设计 　2.1　信息化教学设计概述 　2.2　目标导向的信息化教学设计 　2.3　问题导向的信息化教学设计 　2.4　任务驱动的信息化教学设计 　2.5　翻转课堂的信息化教学设计 模块三：微课的设计、制作与应用 　3.1　微课的设计 　3.2　微课的制作形式 　3.3　关于微课的几个问题 　3.4　优秀案例赏析 模块四：在线开放课程的设计、制作与应用 　4.1　MOOC（慕课）的实质与内涵 　4.2　国内外 MOOC 的发展现状 　4.3　开设 MOOC 课程的实践案例 模块五：教学平台的设计、开发与应用 　5.1　基于微信平台的移动学习 　5.2　微信小程序的妙用 　5.3　移动教学平台的应用 模块六：信息化教学环境的建设与应用 　6.1　智慧校园的规划与建设 　6.2　智慧校园的应用 　6.3　智慧教室的规划与建设 　6.4　智慧教室的应用 　6.5　智慧教学 模块七：信息化教学评价 　7.1　信息化教学评价概述 　7.2　信息化"教"的评价 　7.3　信息化"学"的评价 　7.4　信息化教学评价的发展趋势 模块八：前沿技术教育应用 　8.1　人工智能 　8.2　3D 打印 　8.3　虚拟现实技术 　8.4　STEAM 教育 　8.5　创客教育 　8.6　智慧教育 　8.7　移动学习 　8.8　双师教学
课时	40（可选择拆分、与其他课程组合）

CHAPTER 07

第七章　教师怎样选择课题研究方法

　　教师是观察者、思考着、行动者，需要观察微妙复杂的教学情境，需要思索变幻莫测的教育现象，需要对教育问题做出专业判断，需要设计制定周密教育计划，需要采取果断教育行动，需要调动多方力量实现育人目标。研究，有助于教师理解教育价值，重树教育理想追求；有助于教师采取理性教育行动，提升教育实践的科学品质。

7.1　教师课题研究的基本流程

　　教育研究要遵从教育科研的基本流程。所谓教育科研就是遵照教育理论思想，运用科学研究方法，发现、提出并解决教育问题，探寻教育规律，促进教育改革与发展的过程。教师需要在教育实践中，及时发现需要解决的问题，并将问题转化成课题，运用科学研究方法，探索解决问题的思路、方法与策略，并在这个过程中形成教育思想理念体系。

　　教师课题研究属于教育科研事业的有机组成部分，应该遵从教育科学研究基本规范和流程。一般而言，教师课题研究要经历图 7-1 所示的流程。

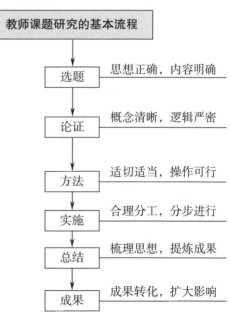

图 7-1　教师课题研究的基本流程

7.1.1 课题研究的选题

进入新时代，党的教育方针是"教育必须为社会主义现代化建设服务、为人民服务，必须与生产劳动和社会实践相结合，培养德智体美劳全面发展的社会主义建设者和接班人。"⊖教师研究必须始终坚持党的教育方针，以立德树人为核心，牢牢把握教育实践中的真实问题，深刻学习和领会教育思想理论体系，从教育理论与实践紧密结合的角度，选择教育科研课题。

教师研究主要分为理论研究、实践应用、工具开发和行动改进等不同类型，包括教育基本规律、教育教学模式、教法学法创新、学生心理发展、教育理念探索、教师专业成长、学生全面发展、课程教材改革、教育教学评价等不同领域。教师要根据教育改革与发展实际，结合自己的学科专长和兴趣特长，持续关注某教育专业领域，通过长期观察、思考、积累，发现新情况、新问题，选择自己可以研究的方向或领域，反复分析和论证课题研究内容，在实践过程中，有计划、有目的地开展课题研究，并及时进行总结、梳理和提炼研究思路。

中小学教师在从事研究时，首先遇到的困惑就是"研究什么"，即如何选择研究问题。通常看来，在教育教学实践中处处皆是可研究的问题，但却不是处处皆是课题。有的问题可以成为研究课题，而很多问题则无须研究就能解决。教师选择研究问题，其切口要小，但能在"小"中显示出"大"，从一个"小"问题中折射出普遍性问题。比如关于作业设计的研究，就是一个小问题，但从中可以达成"以小见大""小题大做"的效果，这种课题就比较适合教师研究。另外，所选择课题也要便于实际操作，各种因素之间要具有逻辑性，要有必然联系，否则，研究就没有实际价值，也就不能取得预期成果。

7.1.2 课题研究的论证

一般来说，一项课题研究需要经过开题论证、中期检查和结题论证等三个基本环节。开题论证是课题研究的第一步，凡事预则立。开题论证需要有一个相对完整的开题报告，需要全面说明课题研究的目的意义、理论基础、核心概念、主要内容、研究过程、人员分工、计划安排和预期成果等。开题报告是课题研究的主线和灵魂，是课题研究的思想框架和路径设计，会贯穿课题研究的全过程，成为推进课题研究的标准和指南。

教师在开展课题研究实施之前，必须做好开题论证工作，开题论证本身就是课题实施的有机组成部分，是课题研究的第一个阶段。教师需要采用文献研究方法，完成开题报告的撰写工作。除了核心概念和研究内容选择以外，组建团队、课题申报、制定阶段计划、选择实施路径、撰写研究成果等，都是开题论证时需要充分考量的问题。

⊖ 新华社 . 全国人民代表大会常务委员会关于修改《中华人民共和国教育法》的决定 [OL]. （2021-04-29）. http://www.gov.cn/xinwen/2021-04/29/content_5603947.htm.

7.1.3　课题研究的方法

教育科学研究属于哲学社会科学研究范畴。研究范式分哲学研究范式、量化研究范式、质性研究范式和实证研究方式等。社会科学研究有学术取向（求真，是什么）和实践取向（求善，应该怎样），教育科学研究显然是更侧重实践取向的，需要以实证研究、批判反思研究、行动策略研究为主要方法。

定量研究方法，就是运用调查、对比、实验、测量、统计等量化的手段来收集和分析研究资料，从而判断教育现象的性质、发现内在规律、检验某些理论假说的研究方法。定性研究方法，就是采用访谈、观察、记录、比较、案例、文献等质性分析方法和手段，分析教育问题，判断教育事实，探索教育规律，寻找教育行动策略的方法。在具体研究过程中，各种具体研究方法是灵活交叉使用的。研究方法并非越多越好，而应注重可操作性，科学合理选择最适当的方法。教师可根据课题和自身擅长的领域选择科学研究方法。

7.1.4　课题研究的实施

课题研究实施工作需要在开题报告的思想框架下进行，需要结合课题的核心概念，逐级分解课题研究内容，形成若干子课题组。课题负责人作为课题研究的灵魂人物，需要分析课题组每位成员的学科专长，结合人员的兴趣爱好，进行合理分工，采用分工合作的模式开展研究。一般而言，每个子课题都需要有负责人，若干子课题，就成立若干子课题组。各子课题组既需要参加总课题的研究活动，又可以独立组织开展研究活动，这样既有合作又有分工，能够节约研究时间，提高研究效率。当然，组织教育同行共同开展研究工作，需要将教学工作实际与科研有机融合，做到研究与教学相互促进、相得益彰。

要有明确的课题研究目标，采用项目管理的方式进行角色化执行、阶段化实施和任务化分解，使最终的研究成果能够解决现实问题，达成其教育实践的贡献度。课题研究需要持续一段时间，比如两年或三年。这就要求课题负责人将课题研究时间分成若干阶段，确保每个阶段都有重点任务、重点工作和重点突破。比如，关于高中学生的发展指导研究，可以将学生发展指导的思想策略、课堂教学、活动组织、实践考察、效果评价等不同的任务，分到不同的研究阶段，确保每个阶段都有创新性研究任务，各子课题在不同阶段各有重点、分头实施、层层推进，这样才能确保课题实施过程的科学性和完整性，防止课题研究"头重脚轻"，草率收场。

7.1.5　课题研究的总结

教育科学属于社会实践类科学。教育科学研究过程本身就是经验总结和成果提炼的过程。也就是说，总结需要伴随在课题研究全过程之中，需要边研究边总结。几乎课题实施过程中组织每一个活动，都需要边推进边总结，比如在课题研究过程中组织的听评课、现场会、讨论会、访谈、调研等活动，都需要及时总结，形成小型总结报告。课题研究需要活动总结、阶段总结，也需要子课题的总结。对社会科学而言，总结就是研究实施过程的记录，就像自然科学的实验研究一样，需要及时积累数据和证据，教育科学研究也需要以总结的方式，及时记录研究进展情况及所取得的阶段成果。这些阶段性的课题研究总结，对于课题结题及成果凝练具有不可替代的重要意义。

在课题研究过程中，主要有两个重要报告形成：一是课题中期研究报告，二是课题结题研究报告。课题研究中期报告，需要以课题开题报告为基础，在各个子课题的中期报告基础上整合完成，一般包括课题研究阶段目标、研究主要内容、课题实施过程、积累实践经验、初步研究成果，以及存在主要问题和下一阶段的研究计划安排等内容。课题结题研究报告，一般包括研究工作总结报告和研究成果总结报告，前者是研究工作过程的全面总结，重在研究过程活动总结；后者是研究思想成果的全面总结，包括研究目标达成、研究任务完成、提出思想观点、研究成果成效和政策意见建议等。

7.1.6 课题研究的成果

教育科研就是为了解决教育领域的问题。教师研究的根本目的就是发现、提出教育实践问题，并主动运用研究来科学地分析问题，提出解决问题的方案和途径。教育科研来源于现实，也要应用于现实，不管是理论性研究还是应用性研究，都要有应用才有价值。教育科研成果应能够为教育政策和决策制定提供理论依据，为教育实践改革提供思想策略体系，能够指导教育教学实践，解决教育现实问题；能够为教育机构或第三方机构提供可应用的方式方法；能够有效促进教育体制机制改革和方式方法创新。

教师课题研究的成果可以是思想、策略、方法、模式、课程、教材、工具和产品等，一般通过论文、论著、案例、报告、图表等方式呈现出来。教师课题研究的成果具有构建教育理论、丰富理论思想一面，比如李吉林开展的情境教学研究、窦桂梅开展的小学语文主题教学实践研究等，都有构建教育理论思想体系的价值；但更多教师课题研究的成果重在实践价值，具有时效性和适用性特征，能够为教育实践改进提供思路、方法、策略、经验、成果和效能，属于推进教育实践改革与发展类的课题研究成果。由于教师课题研究成果的实践特征，决定其成果推广更具有普遍适应性，具有一定可模仿性、可操作性和可实践性。因此，推广教师课题研究成果，对于教育实践变革具有重要现实意义。

7.2 教师课题研究的方法体系

教育学属于社会科学范畴，遵从社会科学研究方法论体系。社会科学研究范式是指社会科学领域中的学术共同体对所从事的社会科学研究活动的基本方法和规范的共同认识。

7.2.1 社会科学研究的通用方法

社会科学研究方法体系可以分为方法论、研究方式和具体方法技术等三个层面，如图 7-2 所示。

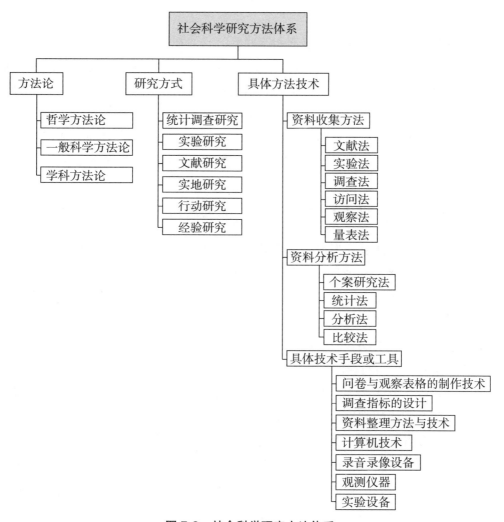

图 7-2 社会科学研究方法体系

宏观层面：方法论是指导研究的一般思维方法或哲学方法，用于规范社会科学的原理、原则和方法体系。主要探讨研究的理论、公式、基本假设、逻辑、原则、规则、程序等问题，体现社会科学理论在社会科学研究方法中的指导地位和作用。社会科学研究的方法论包括：哲学方法论、一般科学方法论、学科方法论。

中观层面：社会科学研究方式。它是指贯穿于整个研究过程的程序和操作方式，表明研究的主要手段与步骤，说明研究者主要通过何种手段和途径得出研究结论的，常用四种研究方式：统计调查研究、实验研究、文献研究、实地研究、行动研究和经验研究。

微观层面：社会科学研究的具体方法技术，指研究各阶段应用的具体方法技术，通常与四种研究方式相对应，包括资料收集方法、资料分析方法和具体技术手段或工具。比如，资料收集方法包括文献法、实验法、调查法、访问法、观察法和量表法等；资料分析方法包括个案研究法、统计法、分析法和比较法等；具体技术手段或工具包括问卷与观察表格的制作技术、调查指标的设计、资料整理方法与技术以及计算机技术、录音录像设备、观测仪器、实验设备等。

社会科学研究方法体系的三个层面相互联系，它们在社会研究中缺一不可。在具体研究过程中，三个层面的方法论，往往是交叉综合使用的。方法论观点的认同影响研究者对研究方式的选择。没有方法论的指导，研究结论只能停留在一般的观察水平。比如，实证论者常采用调查研究或实验研究，这类研究像自然科学那样建立研究假设，收集精确的数据资料，然后进行统计分析和检验；而人文主义者则趋向于运用实地研究或间接研究的方法，多利用访问、观察和文献法收集资料，并依靠主观的理解和定性分析。

7.2.2　教育科学研究的通用方法

研究方法没有褒贬之分，但研究方法具有适切之分。比如，在开题阶段，需要采用观察、调查、访问、文献等方法开展研究，获取研究资料和对研究资料进行分析；在课题实施阶段，则需要采用实验、建模、系统、比较、个案、叙事等方法开展研究，深入分析各种因素之间的因果关系，形成科学教育思想理念。在研究方法的运用上，应根据研究课题匹配研究方法。比如关于课堂教学的效率研究，采用观察、访问的方法就比较好；关于学生的学习负担研究，采用问卷调查、个案研究的方法就比较好。

在研究过程中，方法选择是非常重要的，只有掌握了适切的研究方法，才能够科学推进研究过程。研究方法的掌握，需要在研究中反复实践。对于中小学教师而言，在从事某项研究之初，可以翻阅一些有关研究方法的书籍，掌握某研究方法的基本特征、程序。不过，解决任何问题皆不是某种研究方法的单打独斗，而是多种方法的综合运用，并在实际研究中加以领悟与理解，活化研究方法。如在个案研究中，选择什么样的个案作为研究对象，则需渗透某种理论，即某个案之所以适合作为研究对象，是因为此个案蕴涵着某理论透视下所普遍存在的问题。在个案材料收集与整理中，既需要运用观察、访问与问卷等方法，也需要运用历史、比较等方法；在个案研究报告撰写时，研究方法、研究问题与论证的观点，皆需借助语言的运用融合为一个完整的文本。

教育科学研究方法是指研究教育现象和规律常常采用的方法。教育科学研究沿用社会科学研究常用的方法，一般来讲，具体研究方法主要包括文献法、观察法、比较法、分析法、统计法、调查法、实验法、个案研究法。下面简单介绍这几种研究方法。

1　文献法

文献法是利用各种渠道对文献和资料进行合理的搜集与应用，以获得间接理论知识的一种方法。它是各种类型的研究课题都需要采用的方法，并且贯穿于每个课题的选题、论证、实施和总结阶段。文献法的基本步骤一般包括文献搜集、摘录信息、文献分析三个环节。在文献搜集阶段，教师首先应根据研究课题所涉及的范围，确定"搜索"方向。其次要熟悉国内外主要教育期刊以及期刊数据库，知道可以从哪些平台得到这些文献。摘录信息是指教师对重要信息的摘录与保存。文献分析主要是指教师对自己掌握的文献进行创造性的思维加工过程，通过这样的加工，形成对事物本身的科学认识。

2 观察法

观察法是指根据一定的研究目的，制定观察提纲或观察表，用自己的感官和辅助工具观察被研究对象，从而获得资料的一种方法。科学的观察具有目的性和计划性、系统性和可重复性。观察法不限于肉眼观察、耳听手记，还可以利用视听工具，如录音机、录像机、电影机等作为手段。观察法的步骤是：①事先做好充分的准备，制订观察计划。先对观察的现象作一般的了解，然后再根据研究的任务和研究对象的特点，确定观察的目的、内容和重点。如果情况复杂或内容较多，可采取小组分工观察。最后制订观察计划，确定进行观察全过程所需的次数、时间、记录用纸、表格，以及所采用的仪器等；并考虑如何保持被观察对象的常态等。②按计划进行实际观察。在进行过程中，既要严格按照计划进行，必要时也可随机应变。要选择最适宜的观察位置，集中注意力，记下重点，不被无关现象扰乱，观察时可借助仪器及时做记录，避免事后回忆。③及时整理材料，对大量分散材料利用统计技术进行汇总加工，删去一切错误材料，然后对典型材料进行分析。如有遗漏，及时纠正，对反映特殊情况的材料另做处理。

3 比较法

比较法是比较研究某类教育现象在不同时期、不同社会制度、不同地点、不同情况下的不同表现，以揭示教育的普遍规律及其特殊表现。采用比较法，要考虑各个国家或地区的社会经济制度、政治制度、历史传统、科学和技术以及文化发展的水平、教育理论及其在教育实践中的反映，明确可比较的指标。比较法的基本步骤：①描述。描述所要比较国家或地区的教育现象的外部特征，要求准确、客观，为进一步分析、比较提供必要的资料。②整理。把收集到的有关资料进行整理，如做出统计材料，进行解释、分析、评价，设立比较的标准等；必要时需研究某些材料在历史发展中的变化，以便深刻地理解所分析的教育对象的现状。③比较。对资料进行比较和对照，找出异同和差距，提出合理运用的意见。

4 分析法

或称逻辑分析法，即对所收集的材料进行分析研究的方法。这种方法本身包括分析、综合、抽象、概括、归纳、演绎等具体方法。分析是把复杂的教育现象分为各个组成要素，剖析每个组成因素的性质和特征；综合是根据分析的结果，把事物或现象的各个要素联成一个整体来认识；抽象是对教育现象抽出基本的、本质的东西，集中注意力去掌握事物的本质；概括则是从某些教育现象中抽取出其本质属性，从而形成概念；归纳是由个别到一般的推理方法，即将所研究的同类教育现象概括出该类现象的一般特征来；演绎是由一般到个别的推理方法。

5 统计法

通过观察、测验、调查、实验，把得到的大量数据材料进行统计分类，以求得对研究的教育现象做出数量分析的结果。这是数理统计方法在教育方面的应用。统计法可用于对教育行政效率的检验，对教育经费的合理分配，对课程分量规定的测定，对学生的成绩的科学比较等。在教育实际工作中，经常使用描述统计研究情况，如整理通过实验或调查获取的大量数据，找出这些数据分布的特征，计算集中趋势、离中趋势或相关系数等，将大量数据简缩，找出其中所传递的信息。还可进一步使用推断统计法，即利用描述统计取得的信息，通过局部去推断全局的情况。

6 调查法

调查法是教师为深入了解教育现状，或者为了确定和解释变量之间的关系，而采取的系统的调查研究方式的总和。调查法一般是在自然过程中进行的，通过访问、问卷、座谈、测验等方式收集反映研究现象的材料。调查法常常与观察法、文献法、实验法等配合使用。调查法的步骤，见表 7-1。

表 7-1　调查法的步骤

步骤	主要要求
准备调查	选定调查对象，确定调查范围，了解调查对象的基本情况，研究有关理论和资料。拟订调查计划、表格、问卷、谈话提纲等。规划调查的程序和方法，以及各种必要的安排。
调查活动	通过各种手段收集材料。必要时可根据实际情况的变化，对计划做相应的调整，以保证调查工作的正常开展。
整理材料	包括分类、统计、分析、综合、写出调查研究报告。

7 实验法

实验法是自然科学常用的方法，可分为实验室实验法和自然实验法。教育实验法属于自然实验法，它是在人工控制教育现象的情况下，有目的、有计划地观察教育现象的变化和结果。实验法是假设某些自变量会导致某些因变量的变化，并加以验证这种因果关系假说，对变量间关系进行推断或者检验。教师需要根据研究问题的具体内容设计实验，合理地控制或创设一定条件，人为地变革研究对象，从而验证假设，探讨教育现象的因果关系。教育实验法具有图 7-3 所示特点。

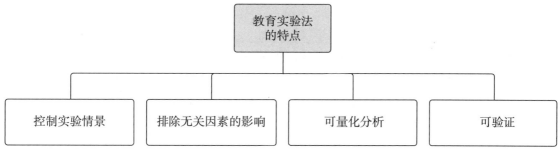

图 7-3　教育实验法的特点

8 个案研究法

个案研究法是对典型的、单一的人或事进行深入具体的研究方法。个案研究法一般常同观察法、调查法等相结合使用。个案研究法的步骤为：①了解、确定典型性事件，作为个案研究对象；②进行观察、调查，收集资料；③进行个案分析研究，写出分析报告。个案研究法不仅要有真实、典型的教育事例，更要有对该事例的深刻分析，并要提出解决问题的思路、对策和建议。个案研究法的特征是具有完整的背景、情节和冲突，以及对问题的思考和解决的过程。个案研究法的对象一般较少，针对典型意义的人或事，研究规模也较小，无须控制就可在自然状态下进行，特别适合中小学教师用。

总之，在具体研究过程中，研究方法的选择往往不是单一的，而是灵活的、综合的，并且各个方法也是交叉、包容使用的。研究方法的选择需要注意三个问题：一是要求教师熟悉各种常见研究方法，以便在研究中选择恰当的方法；二是从解决问题的角度选择研究方法，考察研究方法的实际效能；三是要注意多种研究方法的综合使用。现有研究多是综合采用几种研究方法，取长补短，发挥各个研究方法的不同优势，提高研究的科学性。

7.2.3　教育的行动研究

什么是行动研究？

所谓行动研究就是发现研究问题、收集研究信息、设计研究方案、实施研究行动和进行研究评估等研究过程。在教育研究方法体系中，行动研究处于方法论和具体方法之间的中观层面，属于思路、策略和路径等研究方式，不属于一种具体的研究方法。从总的方面看，行动研究就是一种问题解决式的研究，是一种在工作中研究、在研究中工作的策略方法体系。

教育的行动研究就有如图 7-4 所示优点。

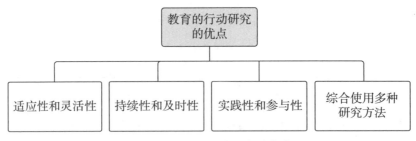

图 7-4　教育的行动研究的优点

　　教师在开展教育的行动研究时，必须根据研究进展情况，随时灵活地选择具体研究方法。比如"关于中华优秀传统文化进课堂研究"显然是一种行动研究，但是它需要在研究过程中灵活运用多种适切的研究方法：需要在研究的初期，选择观察、文献、比较等研究方法；也需要在研究中期，选择实验、个案、调查等研究方法。

　　行动研究的目的就是解决教育行动中遇到的问题，提高行动的效率和效果。它的研究环境是教育教学现场，是与实际工作有机结合的现场研究，由行动者组织开展研究，这里的行动者是一般指一线的学校管理者和教师，他们是名副其实的教育实践的行动主体。教育的行动研究是在实际情境中的，具有实践导向、协同研究和行动反思等特点，需要建立起教师与专家之间、教师与学校管理者之间的合作研究关系，针对实际问题提出改进计划，通过在实践中实施、验证、修正而得到研究结果的研究行为。

　　一般而言，行动研究有如图 7-7 所示四个阶段。

　　（1）在"明确问题"阶段。行动者需要采用观察法、调查法、文献法和分析法等研究方法，从不同方面准确把握实践问题，要尽可能地明确问题的种类、范围、性质、形成过程及可能影响，使要研究的课题变得更具体、更清晰。

　　（2）在"方案设计"阶段。行动者需要采用文献法、比较法、分析法等，对行动研究计划进行客

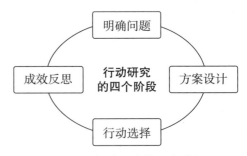

图 7-5　行动研究的四个阶段

观性、可行性、灵活性和适切性等全面论证，包括实施措施、人员分工、阶段成果和成效评价是否科学可行。

　　（3）在"行动选择"阶段。行动者需要采用观察法、调查法、实验法、文献法、个案研究法等，有目的、有计划、分阶段采取改进行动，把计划付诸行动，并对行动进行随时考察和思考，随时注意观察变化、改进方法和解决问题，及时记录各种新情况、新问题和新感想，确保设计方案在教育实践中得到有步骤、有计划的解决。

　　（4）在"成效反思"阶段。行动者需要采用文献法、分析法、统计法等，对行动的过程和结果做出判断评价，对有关现象和原因做出分析解释，找出计划与结果的差异性，对行动过程及行动结果等进行总结思考，对行动过程中所积累的数据、证据等加以归纳整理，

并对下一步行动计划做出判断和修正。

总之，教育的行动研究过程是不断通过教师的实践、反思、调整，直到教育教学活动有新的改进，这是一个开放循环的过程，是一个从不间断的过程。教育的行动研究有利于解决教育教学实际问题，提高教育教学的质量；有利于促进教育研究模式的变革，推动教育科学的发展；有利于提高教师的自我意识，增强教师职业的乐趣与尊严。因此，教育的行动研究在一种实践情境中的研究行为，尤其受中小学教师青睐，成为中小学教师最常见、最受欢迎的研究范式。

7.2.4　教育的叙事研究

什么是教育的叙事研究?

所谓教育的叙事研究，是记述教育问题的发生过程以及解决问题的办法。教育的叙事研究所要追求的是教师叙述并改进自己的日常教育生活，即以叙事的方式反思并改变教师日常教育生活。教育的叙事研究起源于 20 世纪 80 年代，主要是加拿大的一些课程教育学者倡导的，他们认为：教师从事实践性研究的最好方法，是说出和不断地说出一个个"真实的故事"。

教育的叙事研究是指以叙事的方式开展的教育研究。它是研究者（主要是教师）通过对有意义的教育、教学故事的描述与分析，揭示出内隐于这些事件和行为背后的教育、教学思想、理念以及意义价值。教育的叙事研究是一种事实性、情境性、过程性的研究，其显著特征在于"实"。它是教师在教育活动中对实事、实情、实境和实际过程所做的记录、观察和探究，从而获得对事实或事件的解释性意见。也就是说叙事研究必须基于真实的教育实践，关注教育实践中的"教育问题"和"教育冲突"。教育的叙事研究可以是教育研究，也可以是教学研究，甚至可以是教师职业生活的研究。

教育的叙事研究大致可以分为教育叙事、教学叙事和生活叙事，以叙事的方式展现自己教育教学中的经历以及在教育教学经历中发生的事件。

教育的叙事研究的特点如图 7-6 所示。它其实是一种叙事化的教育反思，也是一种叙事化的教育案例。可见，教育的叙事研究关注教育实践，以研究教育实践为出发点，又以改进教育实践为研究的根本目的。

图 7-6　教育的叙事研究的特点

（1）关注教师个体的教育经验。教育的叙事研究不直接定义教育是什么，也不直接规定教育应该怎么做，它只是给人们讲一个或多个教育故事，让人们从故事中体验教育是什么或应该怎么做。因此，教育的叙事研究最为核心的是"真实的教育事件"，从教育事件中分析教育现象，提炼教育经验。当然，这里的教育经验，既是每位教师个性化的教育经验，也可能是一种零散的教育经验。教育的叙事研究就是要串联一些零散教育经验，发掘其背后的价值和规律，努力探寻个性化的教育经验背后普遍的教育规律和教育思想。

（2）关注故事背后的教育意义。教育的叙事研究把人类学的研究方法引入到教育研究领域，引入到对教育经验的关注方面上。研究实践者的个体和群体，探索教育的思想是怎样产生的，教育实践是如何进行的，把握教育实践中的弹性和细节，使日常教育经验获得新的理解，从而建设教育的叙事研究自身的方法。教育的叙事研究的最好方式莫过于研究教师自己，把教育变革建立在日常教育经验的基础上，关注教师日常教育经验、思维方式和价值观念等。在关注教师个性化经验的同时，也关注经验的普遍意义。教育的叙事研究通常以叙事的方式，采用口述、现场记录、日记、开放式访谈、自传等方式开展研究，首先获得的是个性化的经验，对个性化经验的再反思、再研究，就能够获得一种普遍意义上的经验。通过对有意义的教育事件、教师生活和教育实践经验的描述、分析，发掘或揭示内隐于日常事件、生活和行为背后的意义、思想或理念，形成一种普遍性的教育经验，进而指导教育实践的改进，丰富教育思想和理论。

（3）关注教师行为的理性反思。教育叙事后面的教育反思，是最为重要的，也是可以到达画龙点睛效果的精彩之笔。而这种精彩之笔，就是对教育事件的分析与反思，没有这样一个对教育事件反反复复的反思过程，教育事件本身就没有了意义和价值。教育的叙事研究是一种反思性研究，它的根本特征在于反思。教师在叙事中反思，在反思中深化对问题或事件的认识。在反思中提升原有的经验，在反思中修正行动计划，在反思中探寻事件或行为背后所隐含的意义、理念和思想。离开了反思，教育的叙事研究就会毫无意义。

（4）关注教师教育思想的成长。开展教育的叙事研究，教师需要具有一定的教育理论素养，能够从教育经验中"解读"出内在的理念或学术的"意义"。教育的叙事研究应该体现出对教育实践的新诠释，对一定规律的揭示，给人以理论层面的启示。就是说，教育的叙事研究也需要具有一定的理论性。对于教师来说，那种具有研究意义的教育故事，也许并不是经常可以遇到的。只有不断学习、善于反思、勇于实践，其教育生活中才能不断地发生有价值有意义的教育故事，也才能写出理想的教育叙事方面的论文或案例。这意味着教师开始自主的生成教育思想，让一系列的教育事件不再随记忆淡忘而成为无意义的东西，给看似平凡、普通、单调、重复的教育活动赋予独特的研究韵味，从而形成理性研究的习惯和态度。

7.2.5 教育的经验研究

经验是人类实践的组成部分，尽管有时候缺乏普遍适用性，具有极端的丰富性、复杂性和时空性等特点，但经验不同于现象，它具有独特的逻辑自洽和简明扼要的概念体系。经验研究也需要透过现象看本质，从表面杂乱关系中找到一般性规律。

教育实践是教育理论发展的基础，脱离实践的教育理论是没有生命力的。教育实践可以呈现出丰富多彩的教育经验，教师通过对这些教育实践经验的概括和总结，可以认识或验证教育过程中的客观规律，发展或丰富教育教学理论思想。总结先进教育实践经验，可以提高教师对教育规律认识的自觉性，经验总结也是揭示教育规律的一种手段。

从根本上讲，经验研究就是一种实践经验研究，通过经验总结、概括和提升，来设计和开展研究工作。教师要进行经验研究，就必须具有透过现象看本质的能力，能够从复杂的经验中提出问题，找到关键变量，具有贯通理解经验和思考教育实践问题的能力。

教育的经验研究所采用的方式通常又被称作经验研究。经验研究是一种中观层面的研究方式，在整个研究过程中，仍然需要微观层面具体方法技术作为补充和支撑。所谓经验研究，就是对自然状态下的完整教育过程进行分析和总结，揭示教育目标、教育行为和教育效果之间的必然联系，发现和认识教育规律，提炼和总结教育思想理念的过程。教育的经验研究需要选择具有代表性的典型意义的经验，要以客观事实为依据，采用定性与定量相结合的方法，正确区分现象与本质的关系，通过观察、分析、推理、总结等得出规律性的研究结论。

教育是实践性科学。经验研究是教育科学历史上最早使用的研究方式之一。早期教育理论思想发展几乎都是在经验总结的基础形成的。《论语》所揭示的孔子教育思想，其实就是采用经验研究方式所获得的。进入现代社会，经验研究已经成为中小学教师开展教育科学研究的重要研究方式之一，它的作用也日益受到教师的重视。

经验研究具有简单易操作特点。经验研究有专题性经验研究和一般性经验研究两种。专题性经验研究是指对某个问题做比较深入、全面的分析总结，以揭示其规律，使自己和他人都能从中获益；一般性经验研究则是对实践活动做一般化总结（如一年教学工作总结），这一类总结往往涉及面广，但缺乏深度，有较大的局限性。所以，教育的经验研究主要是指专题性经验研究。经验研究一般需要如图 7-7 所示的实施步骤。

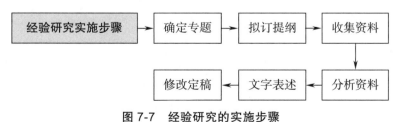

图 7-7 经验研究的实施步骤

（1）**确定专题**。确定专题是指根据研究经验的原则，确定研究经验的方法和题目。研究经验应遵循的要求：一是选择研究的对象要有代表性，具有典型意义；二是要以客观事实为依据，定性与定量相结合；三是要正确区分现象与本质，上升到理论高度，得出规律性的结论。

（2）**拟订提纲**。要拟订出一个切实可行的经验研究提纲。该提纲需要满足以下要求：一是要明确经验研究的目的、任务和基本要求；二是要组织力量，合理分工，明确职责；三是要留有余地，充分考虑实施计划的可行性。

（3）**收集资料**。收集资料一是要做到细致、完整、全面、客观，不能遗漏相关的资料；二是要围绕经验研究的中心内容，重点包括背景材料、历史材料；三是采用多种方法收集各种文献记载的材料，包括工作日记、教学笔记、学生日记、对学生的观察记录、学校文件、会议材料等。

（4）**分析资料**。分析资料是将经验事实上升为理性认识的过程。需要甄别真伪资料、判断资料的重点和非重点，理清复杂资料的内部结构联系和各种因果关系。主要方法是理论方法（分类、比较及唯物辩证法等），逻辑方法（分析与综合、归纳与演绎等）和统计方法等。

（5）**文字表述**。经验研究的成果一般体现为经验研究报告。经验研究报告要做到：鲜明观点与充实材料统一；经验描述与理性概括相统一；表述简练、准确、逻辑性强。

（6）**修改定稿**。修改是研究经验的一项不可缺少的工作。修改应注重经验研究的总体结构是否合理、语句是否通顺、用词是否准确。从内容到形式，都要反复推敲，精益求精，并以此来不断提高自己的学术水平。

CHAPTER 08

第八章　教师如何进行学术表达

教师进行长时间的课题研究，所拥有的经验与感悟，所取得的成效与成果，最终要通过案例分析、学术论文、研究报告、学术专著等形式表达出来。如何运用规范的学术语言表达研究成果，对中小学教师而言仍然是个艰难的挑战。尽管大多数中小学教师能言善辩、侃侃而谈，而一旦涉及学术表达，往往就会一筹莫展、文不达意。这涉及教育学术表达能力，更涉及教师的学术素养问题。

8.1　教师的学术表达能力

教师研究的基本目的是鼓励教师对教育问题进行解释和分析，提出一些新理念、新观点或新方法。而这些研究成果最终还是要通过发表论文、撰写案例、出版专著等形式呈现出来，然后才能得到广泛认可和推广，产生对教育实践的重要影响力。否则，教育实践改进缺乏理论思想基础，也缺乏实践操作体系，纯粹停留在经验摸索层面，很少能够得到教育行政部门的理解和支持。

所谓研究成果的学术表达，就是以结构化的方式将要表达的内容进行系统化、逻辑化，将思想理念讲深刻、讲透彻，将措施方法讲清楚、说明白。研究成果的学术表达包括口语表达，比如演讲、交流、报告等；也包括文字表达，比如随笔、案例、论文、报告、论著等。教师学术表达能力这里主要指研究成果的学术表达，包括口语表达能力和写作表达能力。学术表达能力是教师研究能力的重要体现，表现如图 8-1 所示。

图 8-1　教师的学术表达能力

（1）**学习吸收能力**。教师具有资料收集与处理能力，能够在文献研究中获取思想理念，并能将所获得的思想理念与自己教育实践结合起来，用理论指导实践，用实践验证理论。

（2）**逻辑思维能力**。教师表达思想的书面语言，能够做到条理清楚、逻辑严密、推理严谨，能够把自己所提出的思想体系或探索的实践模式等研究成果，用科学明确的学术语言，准确无误地表达出来。

（3）**理性思索能力**。研究活动须从经验认识层次上升到理论认识层次，需要有学术抽象的过程，不能仅仅停留在定性描述层面上，需要探索现象背后的本质，提出新的思想和方法，科学客观地描述自己的研究结论和思想。

（4）**论文撰写能力**。能够熟练掌握教育学术论文的指导思想和写作方法，做到以事实为根据，让数据说话，分清事实和观点，分清别人的思想和自己的探索，体验冥思苦想写作的乐趣。

（5）**思想创造能力**。教育研究工作是一项艰巨复杂的智力劳动，教育改革充满着创造性，教师需要把自己的实践经验用学术语言表达出来，就必须具有较强的思想创造能力。

就研究成果的学术表达而言，目前，许多教师一走上讲坛就激情澎湃、侃侃而谈，其中也不乏新颖的做法与深刻的见解，但一旦诉诸学术表达，就会陷入不可名状的恐慌、无奈之中，总觉得词不达意，言不由衷。而真正的研究成果的学术表达则是呈现、分析与论证教师通过研究而获得的对教育教学的独特、新颖观点，是在表达属于教师自己的个性化话语。因此，研究成果的学术表达就成了教师做研究需要面对的另一个挑战。

在研究成果表达过程中，很容易发现，大多数教师呈现的是教育教学经验，比较具体、感性，但却缺乏抽象与深度，主要停留在就事论事的描述上，而难以揭示出教育教学经验背后所蕴含的普遍道理，需运用相应的理论予以深化与提升。当然，这其中也不乏许多教师能自觉地运用教育教学理论来观照、阐释自己的教育教学研究，但仍存在着流行的教育教学理论话语写得过多，而发人深思、打动人心的个性化语言过少之现象。

实际上，学术写作中任何一个概念都需要定义，都有其规定性的内涵与外延。任何一个概念都不能只是孤立的观念，而必须在特定的概念框架中获得相互规定的内涵与外延。任何一个概念都不能只是抽象的规定，而是在由抽象到具体的概念运动中获得越来越丰富的规定。研究作为一种创造性劳动，学术写作并不是一件容易之事。倘若用观点新颖、论证充分与语言优美来衡量写作，那么，普通教师所写的内容可能就与此标准有一定的差距。学会学术写作并没有什么诀窍可循，唯有多读、多写、多练。学会学术写作的最切实的办法就是养成写作习惯，并通过练习写作来学会写作。

由于学术成果写作是一种重新的思考与建构，写作就不仅是对已知的呈现，而且要启迪人更深入的思考，促使教师进一步阅读与深思。从此意义上说，教师要养成写作习惯，就不仅意味着要通过写作来记录、表达自己研究的成果，而且更意味着教师在不断拓展自身成长的空间、建构自我发展的可能。而教师一旦养成了写作习惯，有了相应的研究过程及其结果，那么运用文字有结构、有逻辑地进行呈现、分析与论证将不再是一件难事。当然，表达研究成果并不是简单地呈现、叙述自己的研究过程及其结果，而是按照学术规范、遵循学术逻辑、运用专业术语进行重构。在表达研究成果时，教师既要掌握研究成果表达的外在结构，也需洞察研究成果表达的内在结构。

8.2　教师的学术论文写作

2020年10月，中共中央、国务院印发了《深化新时代教育评价改革总体方案》，该方案中明确提出：坚决克服唯分数、唯升学、唯文凭、唯论文、唯帽子的顽瘴痼疾，改革教师评价，推进践行教书育人使命。这里所批判的唯论文，是指学校将论文数量作为教师科研能力考核、晋升职称、评奖评优的唯一指标，但并未否定论文写作在教师专业发展与学术能力提升中的重要意义。

如果将论文数量作为晋升职称的一项重要指标，就很容易导致教师追求论文数量，忽视论文质量等错误导向。这样，论文写作与教师教育能力提升就没有多大关系，更谈不上对教师专业发展的促进作用。唯论文不仅使教师在一味追求论文数量上分散了大量时间和精力，不利于潜心教书育人，而且也阻碍了中小学教师研究水平的发展，教师不愿花费时间进行持久性的研究，而是集中精力产出功利性成果。坚决克服唯论文不是不要论文，而是在教师成为研究者的背景下，强调教师从事有意义的研究，强调论文的质量和水平。

就教师专业发展而言，唯论文是万万要不得的，有百害无一利。但这并不否定学术论文写作在教师专业发展过程中的重要作用。论文是教师教育科研的重要表现形式，也是教师教育思想与经验的集大成。教师发展评价一定要坚持"破五唯"的思想：不唯论文，重代表性成果。不以论文数量、类别为唯一条件，注重其成果转换，引导教师把论文写在"产品"上，让研究成果能"落地生根"。

8.2.1　教师学术论文的基本要素

教师学术论文是指教师对教育领域的某个问题、现象，通过运用观察、调查及实验等方法，进行科学的探索和思考，提出新观点，得出规律性的新认识，并将其写成的以论述为主的文章，是教育科学研究成果的文本表述。一般而言，优秀教育科研论文应该具有以下基本要素。

1. 思想观点是学术论文的核心要素

教师学术论文追求思想上有创新、方法上有突破，最好能够为教育某一领域研究提供新思想、新观点或新模式，为同行研究提供思想或方法的借鉴与启示。论文在立论上要既能够基于现代教育思想理念，又能够科学解读某种教育现象。论文观点一般来自于成熟的教育心理学理论思想。因此，教师必须熟悉与论题有关的教育学、心理学的基本知识和一般原理，同时，精通所教学科的基本知识和基本技能，能够用理论思想指导教学实践，同时又能把教学实践提升到思想认识的高度，这样学术论文才能观点鲜明，思想鲜活。对学术论文而言，思想观点最重要，是论文写作的第一要素，也是整篇论文的思想灵魂。

核心观点的提出，要角度要新、有深度、有启发性，有进一步思考和探索的价值；还要有清晰认识问题的重点、关键和难点，明确解决问题的突破口。一般情况下，一篇论文要有 1 ~ 2 个核心思想观点，但这种思想观点又可以分解成若干更加明确、更加具体的下位思想观点，采用层层分解、层层深入的方式，逐步展开对核心思想观点的论述、论证，从不同侧面、不同角度来证明核心思想观点的正确性与合理性。每一个下位思想观点都应该是核心观点的具体体现，要有逻辑的自洽性和严密性。这些观点组合后，共同形成论文形成的思想体系、逻辑结构和理论框架。

2. 证据数据是学术论文的内容体系

学术论文的论点需要论据来证明。论据是否真实可信、具有说服力取决于收集的数据、证据等资料。收集的资料要尽可能是第一手资料，包括与论题有关的文字材料、教学材料，这是论文提出论点、形成论据的基础。论据也可以引用他人的研究成果，引用他人的研究思想、观点、数据或证据，一定要注明出处，尊重他人的研究成果。特别要关注被忽视的、有待于研究的问题，并试图通过新的角度、新的方法加以探索，综合得出更具有说服力的研究结论。教师通过对收集的数据、证据等资料的分析，有助于自己寻找到研究的切入点，找到问题解决的逻辑起点，确定新的视角和新的方法，来进行科学的论述和推理。

所选择的数据和证据等资料，一定要去粗存精、去伪存真。根据论文的核心观点选择材料，凡是能有力地说明、突出、烘托的材料就加以选用。反之，则尽可能舍弃。如果选取的资料不全面，缺少某一重要方面的资料，甚至会出现偏颇、漏洞，经不起反驳，从而大大影响论文的质量。要确保资料的真实性、新颖性、典型性和可信度，要选择那些最具有代表性、最能揭示事物本质的数据和证据。详实的证据和真实的数据能够更加突出论文的核心观点，增强论文的说服力和可信度，使得论文经得起推敲和验证，确保论文中心突出、论证严密、环环紧扣、结论明晰。

3. 推理论证是学术论文的逻辑结构

论文的绪论、本论、结论三部分要详略得当。要注意论文的层次、脉络，理顺各种关系、过渡自然，段落分明，论证有力，具有逻辑。要运用归纳和演绎、分析和综合、从具体到抽象和从抽象到具体等逻辑思维方法，来增强论文的逻辑性和说服力。一篇优秀的学术论文，需要描述选题的背景、意义和价值，需要说明研究的基础和起点，需要叙述所使用的研究方法及研究过程，需要判断所获得的研究结论是否可靠，需要阐述其独有研究视角和思路，需要反复论述其结论的合理性和科学性，需要明确研究的突破口、创新点等。这就是学术论文关键的论证环节。

论证是否有深度，对现象的描述是否准确，对事件的评价是否恰当，对观点的论述是否清晰等，都是衡量一篇优秀论文的关键要素。论文要以精确可靠的数据资料为论据，通过严密的逻辑推理进行论证。论文要文题相符，层次清楚，结构严谨；要语言文字准确简练，图表标注规范；要行文符合规范，文风简练；要选题新颖，视角独特，具有独到的见解和应用价值。教师学术论文要求论证不能只停留在经验上，不能只看问题的表面，而必须对现象进行深入思考和理性分析、综合，从个别提升到一般，从具体上升到抽象，最后得出符合教育规律、具有启发意义的研究结论。

学术论文要能够客观地反映教育教学规律，论文的基本观点必须是从具体材料的分析研究中产生，而不是凭主观臆想；要尽可能提出问题、找准新视角，确保论文的新颖性、独创性。比如，所提的问题在教育教学领域内有一定的新颖性；虽然是别人研究过的问题，但作者从新的角度做出了给人启发的结论；能够以自己有力而周密的分析，澄清人们对某一问题的混乱看法；能够用较新的理论方法，提出解决教育教学实际问题的策略。

8.2.2 教师学术论文的写作格式

学术论文是研究成果的表现形式。学术论文是通过题目、摘要、关键词、正文与参考文献等，尽可能把课题研究问题、思想观点、研究过程和研究结论等完整地展现出来。衡量一篇学术论文是否优秀，需要考虑开头、段落与结尾等是否存在问题，看段落之间是否存在着逻辑的必然性，看结尾是否紧扣开头、回答了开头提出的问题；也要看标点符号是否规范、正确，遣词造句是否准确、优美等。

教师学术论文写作具体格式，如图 8-2 所示。

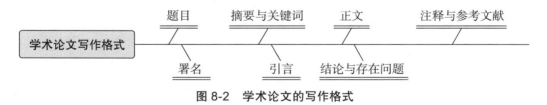

图 8-2 学术论文的写作格式

（1）题目。题目是论文内容的总体概括，表明所研究需要描述的主要问题。好的论文题目应要符合：一是主题突出、内容明确，能准确概括论文核心观点，能反映研究方向、范围和深度；二是文字简练，生动准确，能够准确反映研究内容，具有新颖性和可读性；三是结构完整、条理清楚，能够轻松判断研究的重点和范围，研究的创新点，核心内容一目了然。

（2）署名。署名要放在标题之下、稿纸或打印纸占一行正中的位置上。署名表示文责自负，署名一般不用化名或者笔名。如果是多人合作完成的，署名则以对本研究贡献大小来决定排名顺序。

（3）**摘要与关键词**。摘要是研究的全文主要内容的简介。它的目的在于让读者通过这段概括简洁的文字，能够概要了解全文的主要内容和结论，从而决定是否值得读全文，一般论文摘要在 200 字左右。摘要可以独立使用，也可以作为全文的导引部分。内容应包含与论文同等量的主要信息，观点鲜明，表达清楚，指向明确。摘要后面要附有关键词，以利于检索和分类，它是对论文所研究的范围、内容和方向做出的标识。关键词为专业术语，要让读者一看关键词，便能了解论文的主要内容和研究方向。

（4）**引言**。引言写在正文之前，用于说明研究的目的和研究意义，明确论文要讨论的问题等。具体地说，引言主要包括以下几方面的内容：研究的背景和动机，说明研究目的和意义；分析该领域已取得的进展和尚未解决的问题，提出本研究要解决的问题及研究思路方法。引言部分要简明扼要、开门见山，直截了当地提出问题、阐明研究的目的和意义。

（5）**正文**。正文部分占全文大部分篇幅，是对研究内容进行全面的阐述和论证，主要包括研究对象、研究内容与方法、数据与证据、研究结果、理论依据、形成的论点和导出的结论等。撰写论文，必须在充分掌握资料的基础上，对资料进行分析、综合、整理，经过概括、判断、推理的逻辑组织和逻辑推理，最后得出正确的观点。写作时要以观点为轴心，用核心观点贯穿全文，用数据和证据阐述主题、揭示观点，使论点与论据要高度统一，论证要符合逻辑，推理要科学可信。

（6）**结论与存在问题**。结论是经反复研究后形成的总体论点，是对研究结果的进一步概括，是整个研究过程的结晶，是全篇论文的精髓。结论应指出所得到的结果是否支持假设，所提出的问题解决到什么程度，还有什么问题尚待进一步探讨，对研究结果做进一步的分析，并将结果与有关的研究相比较，从而对所研究的问题做深入分析，然后提出本研究结果的局限性。

（7）**注释与参考文献**。论文后应列出所引用和所参考的文献。凡在论文中引用其他作者的观点、成果，引用经典言论，引用重要资料，均应加注释，说明出处。一般的格式是在引文后最后一字的右上角按引文出现的先后顺序标上数码并加中括号，在文后以相同的标号列出注释条文，标明出处，包括作者姓名、文献名称、出版单位、出版时间和页码等。

8.2.3 教师学术论文的写作要求

教育科学研究论文有多种类型，包括事件议论类、思想推理类、研究报告类、调查报告类、经验总结类、文献综述类、政策评论类等。教师的学术论文多为经验总结类论文，总结和提炼教育教学实践中的经验、收获和感受等，用自己的教育实践解读教育思想理念。

另外，教师的学术论文也可以是理论应用性论文，以某种教育思想理论为支撑，对某些教育现象进行分析、推导、归纳，得出研究结论，提出研究观点，并能用理论来分析实践问题，写出具有操作策略和方法措施的高质量论文。

教师的学术论文写作时需要处理好如图8-3 所示的关系。

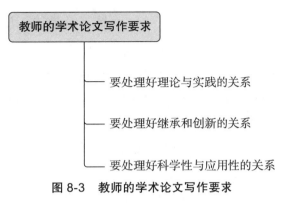

图 8-3　教师的学术论文写作要求

1 要处理好理论与实践的关系。

教师的学术论文显然不能只是罗列现象，而必须对现象背后的教育本质进行探究，既能用理论思想解释现象发生背后的教育规律，又具有严密的理性思辨，理论思考不能脱离具体经验。理念需要从经验中生长出来，理念不能脱离经验，既要基于经验又要高于经验。理论与经验之间相互对话、相互激发，才能成就好的教育研究论文。论文思想观点是从经验中推导、提炼出来，又需要用经验来论证，理论与经验要有机融合，要防止写作过程中理论与实践两张皮的问题。

2 要处理好继承和创新的关系。

教育问题的研究往往受具体时空条件限制，有适用的边界，甚至只有地方性。因为具体时空条件不同，教育科学理论的适用性就不同，所推导出来的结论也会大为不同。教育研究作为一项社会科学研究，其创新性有不同表现方式，比如新观点、新思路、新证据、新措施、新模式和新经验等，都应该属于论文的创新点，不应该一味强调独创性，求全责备，而否定理论思想应用的经验性论文。实际上，教师的学术论文既应该有一定理念创新价值，更多的应是其实践应用价值，包括思想启迪以及对同行影响力等方面价值。

3 要处理好科学性与应用性的关系。

教师的学术论文要求其内容科学，科学性是学术论文的灵魂。教师学术论文的科学性，就是要求论文观点正确、资料真实、论证严密，就是要教师把在实践过程中提炼出来的思想料理念更加条理化、系统化，并加以推理和分析，要求教师尽可能多地占有材料，以最充分的事实、确凿的证据、可靠的数据作为立论的依据，经过严谨而富有逻辑的充分论证，从中提出鲜明的教育观点，形成一篇具有教育指导价值的优秀论文。教师的学术论文来自教育实践，最终也要指导教育实践。因此，教师的学术论文重在实践的借鉴性和启迪性，要有解决教育问题的思路、策略、方法与路径，充分考虑其思想观点的实践指导价值，要能够经得起教育实践的反复验证与检验。

8.3 教师的教育叙事写作

华东师范大学教授叶澜曾指出："一个教师写一辈子教案不一定能成为名师，写三年教学反思则可能成为名师。"[一] 这里所说的教育反思，就是一种教育随笔。它是教育个案研究法或教育叙事研究的研究成果。没有教育反思写作，就没有教育的改进；没有教育思想，教育会永远在原有的实践层面徘徊，达不到一种理性提升和发展。下面从教育叙事研究角度来介绍教育反思写作。

所谓教育个案或叙事研究，都要强调对事件发生过程及效果的记述，也强调对教育事件的深刻理性反思。反思就是教师对自己的教育行为、教育结果进行审视和分析，进而改善自己的教育实践，使其更具合理性。反思是一种思维方式，反思要依据案例或故事，案例和故事是反思的基础。

有人把教师的专业成长概括为："经验 + 反思 = 成长"，这种说法强调经验积累的重要性，同时也说明教师的专业发展是一个实践积累的过程。教师的教育叙事研究，强调教师的经验积累以及对经验的反思。显然，教师的专业成长不可能是通过一次研究，写一篇教育叙述案例或论文，就可以成为教育家，而是在长期工作的积累过程中，逐渐走向成熟的。应该说，教师的教育叙事研究是一种积累性研究，是教师在长时期的教育实践积累过程中，逐渐形成教育思想和理念的研究。

老教师常常会有这样的感叹：一堂课下来自己体会到某一个环节处理得不好，或者在某一节课中发现有一个得意的"闪光点"，并且也为之兴奋了好一阵，但是随着时间的迁移，也就淡忘了，所以教了几十年的书，真正要评评课也说不出个所以然，回过头来看看自己，谈谈自己的教学特点，也谈不出什么。造成这种现象的原因是什么？显然是教师在平时课堂教学过程中缺少反思，缺少把那些故事写下来，缺少对这些经验和问题进行深入的思考。

教师的教育叙事研究是指以叙事的方式开展的教育研究，就是记录有意义的教育、教学故事并进行反思。教师在日常教学生活中，对自己的工作进行反思、研究，记录成叙事研究报告，能够真实、深入地反映研究的全过程和自己的思考，这是一种值得提倡的研究方式。教师采用叙事研究必须基于真实的课堂教学实践，关注教学实践中的"教学问题"和"教学冲突"。叙事研究报告不同于"教案设计"和"课堂实录"，它是有意义的事实的记录和反思。

有人把教师的教育叙事研究概括为："好的叙事＝生动的故事 + 精彩的点评"，从中我们可以看到经验的转化过程，故事中呈现的是个性化经验，借助分析点评，则剖析了个性

———

　㊀　汪瑞林.教学反思的三个视角 [N/OL]. 中国教育报，2021-10-08（5）[2021-10-08].https://www.sohu.com/a/493872863_243614.

化经验背后的普遍性经验，上升到一定教育思想认识高度，这样就逐渐接近一般性的教育规律，让叙事研究成为一种思想的表达方式。借助故事或事件，表达一种教育经验或思想，而不纯粹拘泥于故事的本身，更不是对某一种事件的完善解释。

教育研究中的叙事是将技术与理性的东西隐藏到故事的背后，通过一个个故事的描述，去追寻当事者的足迹，倾听其声音，分析其行为，寻找故事背后的教育意义，这本身就是一种经验提升和思想生成的过程。教育叙事不是仅仅对故事的叙事进行描述，而是对其中包含的价值观、情感、心境以及涉及的伦理等等进行分析和判断，展示出研究者的立场和理论视角，帮助人们对故事背后意义做出独特的判断。

写教育叙事与写教育论文相比，教育叙事更容易被教师接受，更容易引起教师的共鸣，更能发挥教师研究的特点。教师的教育叙事研究其目的也不是形成耀眼的研究成果，它最主要的目的是通过叙事来反思自己的教育实践，并在反思中改进自己的教育实践，重建自己的教育生活。因此，对真实的教育世界进行叙事研究，对教师而言，是真实的，是可见的，也是可行的，对教师自己和其他教师都具有深刻的实践指导意义，这也正是教育叙事研究的意义所在。

当然，教师的讲故事与我们所说的教育叙事还不是一回事。从教师讲的故事来看，它们多是些简短的教育"记叙文""日记（志）"等，这意味着"讲故事"与"教育叙事"研究之间存在一段距离，要想实现向后者的转变，从现场、现场文本到研究文本，还需要接受一定的理论与方法训练。

教育叙事研究特别适合中小学教师。教师的职业生活每天都面临各种各样的教育事件或故事，对这些事件或故事进行深入分析，意味着教师开始以自己的经历和经验，去反观教育世界，学会对自己的行为做出合理解释的思想能力。这就促使教师进入沉静思考的层面，站在教育研究的角度去反思和挖掘经验，从而可能激发和生成新的思想或理念。

8.4　教师的研究报告写作

教育科学研究成果主要通过研究报告展现出来。教师研究围绕课题展开，课题是教育科研的重要载体。教师研究成果主要为课题研究报告，也称结题报告，是一项课题研究结束时，教师客观地、概括地介绍研究过程，总结、解释研究成果，向有关部门申请结题验收的文本。

课题研究报告是课题研究所有材料中最主要的部分，也是科研课题结题验收最主要的依据。结题研究报告是建立在课题研究的基础之上的。课题研究的过程是资料收集、分析的过程，但注意结题报告不是资料的罗列和堆积，它是建立在对资料进行分析、整合、提炼和概括基础上的。根据教育研究的内容与方法不同，**研究报告可以分为实证性研究报告**

与学术性研究报告两种。

（1）**实证性研究报告**。包括教育观察报告、教育总结报告、教育调查报告和教育实验报告等，是描述研究过程、结果和进展的报告。教师在开展课题研究时，要对某种教育现象进行科学实验，就需要描述、记录课题的实验过程和结果，形成实验报告。实证性研究报告是以直接研究所得到的资料为基础，对研究的方法和过程加以分析，找出规律性的内容，提出经验、方法、建议及存在问题，得出应有的结论。

（2）**学术性研究报告**。包括对文献的分析、比较、综合、甄别、概括等，并展开文献的考证过程，说明文献的来源、可靠程度和学术价值。研究报告和论文在内容和表述形式上有一定的区别。论文比较简洁精炼，主要突出表达一项研究工作中最主要、最精彩和具有创造性的内容，有创新的见解，形成某种新解释、新论点或新理论；学术研究报告则可以将整个研究工作的重要过程、方法和环节都可以包括进去。论文的内容中包含较多推理成分，而学术研究报告侧重实证研究，但两者没有截然划分的界线。

具体研究报告撰写包括研究什么、为什么研究、怎样研究、成效如何、有什么结论等。需要通过简练准确的文字概况出所研究的对象、范围和内容等，阐述研究什么；通过介绍研究的背景、目的和意义等，说明为什么研究；通过描述研究的方法、阶段等展现怎样研究；通过概括成果及带来的变化来陈述研究成效如何；通过回顾与反思，提炼出的理性思考等来呈现研究有什么结论。一般情况，教师研究报告包括如图 8-4 所示内容。

图 8-4　教师研究报告的内容

（1）**题目**。题目要求明确、鲜明、简练、醒目，一般不用副标题，字数不宜过长。题目须与课题名称一致，若是课题名称变更并经立项单位同意，写变更后的课题名。

（2）**摘要与关键词**。摘要指课题研究的主要内容和取得的成果，以简介的形式出现在正文前，对课题的整体情况做一个概述。关键词指研究的核心概念，用于文献检索时用，一般为 3 ~ 5 个。

（3）**问题的提出**。要求用比较简洁的文字讲清开展这项课题研究的原因、目的、意义等。要求科学阐述课题研究的重要性、必要性和可行性。研究者通过对查阅文献资料，找到课题的研究点和研究方向。

（4）**研究内容**。课题研究的内容主要是陈述课题研究的范畴、立足点，表述时须紧扣研究目标，简洁、准确、中肯。研究内容与课题研究成果有密切的内在联系，课题研究的主要内容必须在研究成果中予以体现，包括核心概念的界定、研究的目标和研究的主要内容。

（5）**研究的方法与过程**。教师的研究报告要把采用的科研方法与研究内容之间的关系进行一些简略说明，而非简单列出或者解释研究方法。通过回顾、归纳、提炼等方式陈述课题研究的主要过程以及开展研究所采用的措施、策略。课题研究的过程是指对每个阶段所做主要工作的综述和比较；对观察到、感觉到的有关现象进行描述和整理；对行动过程和结果做出判断，对有关现象和原因做出分析，对研究思想观点进行总结和提炼。

（6）**研究结论**。研究结论是针对课题研究的问题做出的回答，是整个研究的结晶。其内容包括：对研究总体性的判断，对研究假设的总结性见解；提出切实可行的解决问题的策略和措施；指出尚未解决的问题；提出进一步研究的途径和方法。研究结论要从实践成果和理论成果两方面去陈述，也须体现研究目标和研究内容，展现出成果与之密切的联系。

（7）**问题思考**。问题思考包括反思讨论及今后设想。反思讨论部分主要陈述该研究的局限性、尚待解决的问题，陈述可以比较简单。但所找的问题要准确、中肯。今后设想部分主要陈述准备如何开展后续研究、课题的应用价值和推广可能性等。

8.5　教师的教育专著写作

这里所说的专著是指专题论著或专门著作，是由出版社公开出版的、获得知识产权保护的一类成果。一般而言，论文是单篇或多篇关于某问题的研究成果，而教育专著是对某些教育问题进行系统地、持续地研究，从而产出的教育科研类成果。专著成果的形成比论文、研究报告等成果形式要花费更多时间和精力，也需要更高的思辨和理论水平。

根据专著对研究内容呈现的方式和系统性，分为编著和著作。编著署名方式为"XXX主编"，著作的署名方式为"XXX著"。编著一般在主编之下有编委会。著作署名需要具体准确，如果是集体作者，一般是第一作者署名在先，每位作者的贡献，需要在前言或后记中注明，即说明哪部分内容由哪一位作者撰写。教育编著一般是集体成果；教育著作有个人成果，也有集体成果。

8.5.1　梳理课题研究素材

当教师采用各种教育研究方法收集到大量的数据资料和文字资料之后，就要对这些原始资料进行整理统计和分析工作，分析资料的实质是发现研究的主题和结果。研究课题资料的梳理是要确保研究的主要资料有序化和典型化，可以对已收集、积累的资料有一个系统的把握，也可以为资料分析提供方向和依据。资料的整理主要包括资料的审核、分类汇总和编制统计图表。

对研究资料进行认真审核后，应该将它们条理化、系统化，变成有组织的资料。分类是根据资料的性质、内容或特征，将相异的资料区别开来，将相同或相近的资料合为一类的过程。**分类的标准是多样化的，主要有现象分类和本质分类。**现象分类是根据事务外部特征或外在联系所做的分类，如把研究文献资料按照年代分类等；本质分类则是按事物发展的内在本质或内部联系而做的分类。整理资料要从现象分类过渡到本质分类。

8.5.2 分析课题研究思想

根据研究内容，教师在梳理材料过程中，形成一些工具性、策略性等方面的成果，在研究报告中分类陈述，在陈述中有提炼、有数据、有案例，不能是资料的简单堆砌，要有说服力，案例要典型。对数据的分类与汇总，传统上都是由手工完成的，当前的数据资料整理大都由计算机完成，分析课题研究思想数据的步骤如图 8-5 所示。

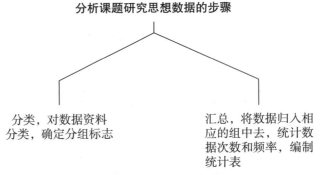

分析课题研究思想数据的步骤

分类，对数据资料分类，确定分组标志

汇总，将数据归入相应的组中去，统计数据次数和频率，编制统计表

图 8-5 分析课题研究思想数据的步骤

统计图表是教师通过表格和几何图形的形式，把大量的数据资料形象地组合起来，合理地排列，以便展示资料的整体特征，为分析资料、发现教育现象之间的联系提供方便。汇编就是按照研究的目的和要求，对分类后的资料进行汇总和编辑，使之成为能反映研究对象客观情况的系统、完整、集中、简明的材料。

8.5.3 形成专著写作框架

教育科研成果的表现形式多种多样，一般说来，用文字形式表示的科研成果主要有教育科研报告与教育论文，教育科研或教育论文编辑成册，则成为教育专著。教育专著既可以是著述，也可以是文章汇集。出版教育专著，有一定的门槛限定。

内容方向要与特定的教育领域贴合，教师要在选题方向和内容编写上多加注意。教育类专著的内容质量高是最基本的保障，若内容质量不高或学术价值不大，尤其是内容不符合《出版管理条例》规定时，就不可能出版。

书稿规范包括专著结构框架完整、专著体例规范、出专著查重率合格等。出版教育专著要直接联系出版社，由于每家出版社都有相应的出版规范要求，教师要确保书稿符合出版要求标准，否则会因反复修改而耽误时间。

8.6　教师的课题论证报告写作

全国教育科学规划课题可分为投标课题和自选课题两大类。投标课题要求很严，投标者要进行答辩，对于投标题目不能有任何改动。规划课题主要有重大、优先关注、重点、一般、青年专项、校本研究专项等几类，其中重大与优先关注课题大致分别相当于国家重点课题与一般课题，校本研究专项课题专门针对中小学及幼儿园申报。各省市级教育科学规划课题的要求与国家、教育部社科基金项目基本一致。其中，只有重大和优先关注课题列出课题题目，其他种类课题都可自选题目。一般课题申报书撰写内容如图 8-6 所示。

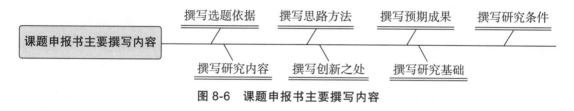

图 8-6　课题申报书主要撰写内容

8.6.1　撰写选题依据

无论是课题申报书，还是课题论证，都要说明选题依据。选题依据包括文献综述和选题价值等，具体要求阐释国内外相关研究现状、理论依据、研究动态、本课题研究价值分析等。在进行文献综述时，选题依据主要围绕课题的核心概念和关键内容展开，需要从理论和实践两方面分析。**理论分析**是指从学术史角度梳理出当下的矛盾所在，需要从国内外研究现状中寻找起点和参照点，提出研究的理论框架；**实践分析**则是基于教育实践问题进行分析，从自身熟悉的研究领域提炼课题，提出应对设想。在分析选题价值时，教师应围绕核心概念阐述选题的理论价值，在提炼核心概念时要有逻辑分析的理论背景，而不能自造概念。

选题应带有强烈的问题意识，教师所提问题要有理论和实践的真切感，其研究的基本步骤是：基于实践（经验与调查）——提出问题（矛盾与困惑）——形成课题（分析与阐述）——研究课题（过程与方法）。具体文本撰写要求围绕核心概念和关键内容，对不同类型的问题进行深入分析，要从理论和实践两个角度进行分析，所提出的问题应清晰明确，切忌提出似是而非的问题，所进行的分析要简练明确，切忌内容宽泛等。

8.6.2 撰写研究内容

研究内容的撰写一定要概念清晰、重点突出，要阐述本课题的研究对象、研究重点与难点和研究主要目标等。在具体撰写时，应使研究假设与研究目标相呼应，在确定明确的研究目标之后，再撰写研究内容部分，这样课题研究的三者之间就前后衔接，内容呼应，逻辑严密，层层递进，形成一个完整的内容框架。

研究目标不要求单独进行描述，可以与研究内容融合在一起，通过内容分解研究目标，而内容是目标的结构性呈现；总目标与具体目标（子课题）是整体与部分的关系。课题论证中的假设是教师根据已有材料，对事物的原因与发展所做的推测。课题的研究内容应围绕假设展开，研究是通过各种相应方法及证据和论据，对假设进行论证，被证明的假设便成为理论观点（或目标）。

8.6.3 撰写思路方法

课题研究的思路方法撰写包括课题研究的研究设计、具体研究方法、研究计划及其可行性等。课题研究的基本思路是教师证明假设的路线设计，属于方法论层面的考虑，即主要关注方法的选择及恰当使用。研究设计是指为完成研究而采取的包括手段、步骤、方法等在内的研究途径，教师对研究设计的每一步骤要阐述清楚并确保其具有可操作性。研究设计可以用流程图或结构示意图加以说明，如树形流程图应包括研究对象、方法、拟解决的问题及其相互之间的关系，树形示意图则需要呈现研究的各部分内容、顺序、相互之间的关系、方法以及所要解决的问题。

关于具体研究方法，应依据目标和内容的需要而选择，依据解决问题的实际需要而选择，一般都会在课题不同的研究阶段，选择不同的研究方法，实际上课题研究应该是多种方法相结合的灵活使用。量化研究中的具体方法，包括调查法、访问法、实验法等。它是教师在研究基础上提出假设，通过设计严密的流程加以检验和证明，重视数据的采集、分析、解释和验证。质性研究中的具体方法，包括个案研究法、叙事法和经验法等。它可以是教师对经典个案进行结构化的重塑；也可以是教师对散乱体会加以理论化的概括；还可以教师基于既有经验进行反思，以及对个人经验、观点进行演绎等。在具体研究情境中，一般都是质性方法与量化方法的混合运用，多被用以增加证据、拓宽及深化研究。

8.6.4 撰写创新之处

创新之处的撰写要求是课题研究要在学术思想、研究过程、研究结论、研究方法等方面有特色和创新。课题研究的创新之处通常体现在理论和实践两个方面。理论创新是指学术思想、观点等方面的创新；实践创新则是指解决问题提出的方法、手段和途径等方面创新。

8.6.5　撰写预期成果

预期成果的撰写应写明成果形式、使用取向、预期社会效益等。成果形式是指论文、专著、研究报告等。在填写成果内容时应有具体名称，如论文要填写能阐明观点的题目，专著应填写阐明观点的著作，研究报告应包括预计研究成果的理论意义和实际效用。

8.6.6　撰写研究基础

研究基础的撰写要求写明前期研究成果和核心观点等。前期研究成果是指教师要写清个人已有的研究项目、所取得的成果及其基本观点。教师可撰写在相关研究领域所取得的学术积累和学术贡献、同行评价和社会影响，但切忌写个人声望、水平、能力及与申报课题无关的获奖、荣誉等。

8.6.7　撰写研究条件

研究条件的撰写包括课题团队组成和为课题研究开展能提供的条件，教师可在"研究基础"这一部分适当增加本次课题研究团队特殊基础和条件的介绍，如研究团队学科背景丰富，负责人所在单位行政、设备、经费充足和实验基地及条件保障等。

另外，教师还应注意，子课题的设置应源自对研究题目核心概念的组合，对课题总目标的分解，对研究内容的构成。总课题与子课题的关系应与总目标、子目标之间的关系对应，各子课题之间应在内容上形成有机的、相互支撑的体系，各子课题要有相对独立的简要研究方案。课题组构成方面，应保证每位课题组成员确因题目内容的需要而聘请，因各自研究特长而分工，因各自的研究工作而体现相应成果。

CHAPTER 09

第九章 怎样建立教师研究的服务体系

教师研究是推动教育事业健康发展的强大支撑力量。加强和改进教师研究，是全面贯彻落实党的教育方针、推动教育改革发展的必然要求。我国基础教育高质量发展，面临许多新任务、新领域、新要求、新挑战，迫切需要重建教师研究范式，动员和激励更多教师参与到教科研事业之中，坚持扎根教育实践，研究教育，发展教育，重建科学、高效的教育改革与发展服务支持体系。

9.1 教师研究的管理体系

在我国基础教育领域，以中小学校为中心，有一个庞大的教育管理服务体系，包括各级各类教育行政管理系统、教育科学研究系统、后勤保障系统、信息化支撑系统、考试评估系统等。每个系统都有自上而下的完整管理职能、管理制度和管理机构，各自承担相应的管理职责与任务，成为基础教育发展的强大保障体系，为中小学建设与发展提供政策指导和管理服务。

就教育科学研究系统而言，构建了全面覆盖、立体贯通、分工明确、优势互补的教育科研机构体系，有国家级的中国教育科学研究院；有省市级的，如北京市教育科学研究院、陕西省教育科学研究院等；有市区级的，比如北京市海淀区教育科学研究院、西安市教育科学研究院等。各级各类的教育科学研究院是教育科学研究事业的主体力量，服务于教育行政决策、学校教育改革、教育理论思想繁荣及教育成果宣传与推广等，具体承担各地推动教育改革与发展的任务，具有教育学术研究、教育经验推广、教师实践探索、教师思想培训和教育成果推广等不同职能。其中，区县级教育科学研究院是最接近中小学教师的一支教科研管理和服务队伍，直接服务教师的教科研工作，甚至直接参与到教师研究之中，深入学校、深入课堂，与教师共同开展教育教学研究工作。

　　同时，在教育行政管理部门，还设有教育科学规划领导小组，负责各省（区、市）教育科研工作的统筹规划和管理指导，统筹行政区域内教育科研工作，加强规划管理。各级教育科学规划领导小组办公室，一般都设在各级教育科学研究院中，专门负责各级各类教育科研课题的立项、评审、结题、成果评选和推广等工作，比如，全国教育科研规划领导小组办公室设立在中国教育科学研究院，北京市教育科学规划领导小组办公室设立在北京市教育科学研究院，北京市海淀区教育科学规划领导小组办公室设立在海淀区教育科学研究院。各级教育科研专门机构承担着加强教育理论研究、政策研究和实践研究等工作职能。

　　各级各类的教育科研管理机构，都会为中小学教师开展教育科研活动提供管理、服务和支持。市区两级教科研管理部门，都会把教师研究管理与指导作为日常主要工作之一。

　　就市级层面而言，一般都会建立"市——区——校"三级教育科研管理部门。从面上指导到选点指导，从通识指导到专题指导，从主题研讨到跟踪指导，从课题申报、课题开题、课题推进到课题结题、成果培育等环节，从五年规划到年度计划，都会制定系统的市级教育科研指导活动组织办法。

　　区县级教育科研管理机构一般在市级教育科研指导活动组织办法的指引下，结合区域实际情况，探索区级教师教育科研指导活动组织办法，立足于促进教师教育科研能力的提升，形成区教育科研指导的有效做法。主要办法有：一是建立中小学教师教育科研课题及成果资源库；二是组织中小学教师进行课题申报、课题开题、课题结题、成果推广等工作；三是以课题或项目为核心，建立跨校、跨学科的"研究共同体"，由专家学者、行政管理人员和学校教师共同组成教育科研课题组，深入到学校课堂，开展长期的跟踪式行动研究，重在解决教育实践中的现实问题。

　　区县级教育科研单位不是行政系统，更不是评价系统，如图9-1所示。首先，它是一个支持系统，为教育行政管理部门提供思想、政策和文化上的支持；其次，它是一个辅助系统，要密切关注、支持并配合教育行政管理工作；第三，

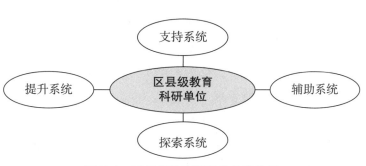

图 9-1　区县级教育科研单位的作用

它也是一个探索系统，针对一些教育改革的新领域、新问题，要率先探索，勇于实验；第四，它也是一个提升系统，负责对区域教育成果进行总结提炼，对教育经验整理提升，对教育文化品质进行挖掘、概括和完善。

　　从这个认识层面上看，基层教科研首先是一项要遵循所有科学研究的思想与方法的工作。基层教科研作为一种研究范式，还包含着一套独有的科研价值、科研方法和路径以及评价方式，特别是基层教科研人员需要具备一定的科研素养和较高的自主学习能力，要善

于在研究工作中不断发现新问题、拓展新领域。区县级教育科研机构的研究方向与工作重点，必须与区域教育改革与发展、与教育行政的工作重点紧密结合，才能发挥实践引领和指导作用。一般具有研究、指导、培训、服务和管理等工作职能，"研究"是教科研工作的根本任务，"指导"是教科研工作的外显价值，培训是教科研工作的手段之一"服务和管理"则是教科研工作的内在要求。这里以北京市海淀区教育科学研究院为例，说明区县级教育科研管理机构的主要职能和工作任务。

北京市海淀区教育科学研究院工作职能设计

一、职能定位

北京市海淀教育科学研究院是北京市海淀区从事基础教育科学研究的专门机构，在海淀区教育事业科学发展中形成了鲜明的区域教育科研工作特色。工作定位有以下三个方面职能：

1. 服务与引领职能

牢牢把握"服务"这一核心价值，聚焦服务决策、指导实践两大基本功能，立足课题与项目研究，做好"两个服务（服务于教育行政决策和学校教育教学实践）"。

服务决策。围绕"两委一室（教育工委、教委和教育督导室）"决策咨询需要开展工作，服务于政府科学制定教育政策。紧密结合区域教育发展的重大战略、重大问题，发挥区教育科学研究院人才与研究优势，把握教育改革发展前沿动向，集智聚力，协同创新，为海淀区教育事业科学发展服务。

指导实践。立足基层实际，围绕基层学校教师教育科研需求，主动关注学校改革动向，汇聚多方力量，组建专业队伍深度介入，开展教育实验研究，对区域教育发展中的热点、难点问题进行先行探索和方向引领。

2. 研究与咨询职能

科学研究是教育科学研究院服务教育行政部门与中小学校的基石。在研究方向与研究领域方面，进一步坚持服务性，把握宏观性，强化政策性，立足专业性，突出前瞻性，发挥引领性。

关注重大问题，谋划海淀区教育与发展全局研究。围绕实验区项目建设开展研究，关注教育综合改革。注重研究教育发展中的重点问题，为教育综合改革提出思路和建议，努力寻找解决区域教育发展的重点、难点问题的有效策略。

定位高端引领，强化战略规划研究。放宽眼界，拓宽思路，聚焦国际一流教育实践研究。注重从关注教育实践变革、提升教育改革经验向教育科研的高端服务与思想引领转变。关注国际教育发展趋势及热点问题，注重研究发达国家教育战略走向；突出区域教育政策比较研究与规划研究。努力将区教育科学研究院建设成为海淀区教育思想库、学校发展参谋部、政府决策智库。

贴近实践，加强教育教学改革热点研究。引入国内外先进教育理论和思想，通过组建群体课题或项目的方式，引领学校开展个性化教育、变异教学、知识产权教育、可持续发展教育、传统文化教育、戏剧教育等前瞻性研究，强化海淀区教育科研的品牌意识和成果意识，为中小学教育教学改革实践提供全面指导。

3. 管理与推广职能

坚持区教育科学研究院"研究与管理并重"的职能定位，充分发挥区教育科学研究院服务决策咨询、指导教育实践的功能，推进海淀区教育科研工作的规范化、科学化和信息化。

实验区项目推进管理。立足海淀区教育体制机制改革，围绕国家中小学教育质量综合评价改革实验区、全国基础教育国际化示范实验区、全国教育信息化试点单位和全国中小学心理健康教育示范区等，建立与国内部分高校、科研院所的教育合作研究机制。加强实验区推进的教育政策研究，做好实验项目的研究工作和实验学校管理工作。

各级课题研究管理。进一步发掘海淀区教育科研的优势和传统，做好各级各类教育科研课题从立项到结题的全过程指导和管理，按照全国教育科学规划办要求配合做好国家级课题管理工作，配合北京市教育科学规划办做好市级课题的管理工作，做好区级课题的立项与管理工作，积极培育各级各类课题的研究成果。

优秀教科研成果管理。强化成果意识，以四个全国教育实验区（示范区，试点单位）建设为龙头，以实验校为基地，以课题和项目为载体，形成高质量的研究成果，建立科研成果推广机制，优秀成果定期纳入成果库，使成果发挥应有的价值和作用。

教科研队伍管理。依托各级各类教育科研课题负责人、科研带头人、科研种子教师、群体课题负责人等不同的教育科研团队，组织学校教师开展群体科研、专题研讨、科研沙龙、学术论坛等，培育教育科研队伍，加强科研队伍建设，营造浓厚的科研氛围。

二、工作目标

作为最基层的教育科学研究单位，北京市海淀区教育科学研究院的工作目标包括以下几方面：

一是在教育科研的工作定位上，始终坚持教育科研为区域教育行政决策和学校教育教学实践服务的工作方向，以教育科学研究的视角，关注海淀区教育各项重点工作，通过局部探索、经验分析、成果推广等方式方法，达到完善思想、改进策略、提高质量和水平的目的。

二是在教育科研工作方式上，形成了一整套靠研究现实提供问题诊断服务，靠课题引领提供思想发展服务，靠项目推进提供实践改进服务，靠思想理念提供教育决策服务，靠经验提升提供办学特色服务，靠信息宣传提供社会声誉服务的教育科研工作方式。

三是在教育科研运作模式上，探索出了一条教育理论与实践相结合的中小学教育科研发展道路，立足于中小学教育实践改革，积极引进高校、科研院所的研究力量，合作开展实验研究，丰富和完善教育理论思想，以教育科学理论影响教育实践，确保教育改革的稳步推进。

四是在教育科研队伍建设上，注重区校两级的专兼职教育科研队伍建设，以区级教育科研课题负责人和区级教育科研带头人、教育科研种子教师为主体，培养具有实践经验和教育研究能力的专兼职教育科研队伍，有力支撑和推进海淀区教育科研事业的快速发展。

三、工作任务

（一）教育科研管理标准化、规范化、信息化

提升教育科研管理服务水平。努力为教师提供优质、高效的教育科研服务，提升教师研究的意识和能力，为学校发展提供信息、智力支持，研究和解决学校发展中的实际问题。

优化科研管理制度。建立和完善各种教育科研制度和机制，明确工作方式和工作流程，固化教育科研管理工作制度，有效调动、组织和统筹学校教育科研力量，组织和开展各种教育科研活动。积极研制教育科研工作的质量标准，有效开展教育科研质量评价和指导工作。

组织开展教育科研活动。积极总结推广学校和教师的典型经验。组织开展教育科研成果、优秀论文、科研先进单位和个人的评选工作，以及优秀科研成果推广工作。定期组织校内外的学术交流、研讨活动，为教师的学术交流搭建平台。

建立课题、项目、成果和专家资源库。整合校内外的各种教育科研资源，构建有力的教育科研资源支持系统，包括搭建课题、项目、成果和专家平台，开展课题或项目研究的跟进培训，不断扩充教育信息资源等，形成具有蓬勃生命力的区域教科研文化。

（二）教育政策研究迅捷化、前沿化、热点化

关注教育政策热点，抓住贴近海淀区教育发展的核心问题，破解难点，为教育行政部门提供信息咨询，形成各种政策咨询方案和调研报告。贴近教育科学前沿、贴近政府决策、贴近学校实践，努力建设海淀区教育政策研究中心、调研服务中心、咨询服务中心、资料与信息中心。

（三）教育实验研究前沿化、先导化、成果化

密切关注国内外教育改革与发展动态，了解教育理论的前沿进展。设计和开展重大

教育改革和实验项目，开展有利于推进区域教育发展的实验项目，推广和应用先进教育思想和理论，努力把区教工委、教委和教育督导室的重点教育工作项目设计成教育改革实验项目，以教育实验的方式促进海淀区教育的深入发展。

（四）教育综合质量评价研究标准化、专业化、网络化

深入开展中小学教育质量的综合评价研究，以国家中小学教育质量综合评价改革实验区工作为契机，建设海淀区教育评价专业化的研究机制、标准体系、电子平台、研究队伍。开展学校办学绩效与特色发展等评价研究，开展学生发展综合质量评价研究，使区教育科学研究院成为海淀区中小学生学习与发展标准建设与数据库建设研究基地。

（五）德育心理研究一体化、专业化、全员化

充分发挥德育心理中心的宣传功能、援助功能、调试功能、发展功能、培训功能和科研功能。重点开展中小学生心理辅导研究、社会主义核心价值观的培育研究，推进德育心理的学科渗透与学科整合。以积极心理学为导向，积极开展教师和学生心理健康指标体系研究。

（六）课程建设研究系统化、整合化、操作化

坚持区域推进，着力统筹规划，着眼全局发展，以提升区域和学校课程领导力为核心，努力构建公平、优质、创新、开放的具有海淀特色的基础教育课程体系。积极推动国家、地方、校本三级课程整体优化和协调发展，引导学校逐步形成以课程建设为内涵的独特育人模式，有效实施课程整合和校本课程精品化建设。

（七）文献与经验研究系统化、精品化、成果化

定期编辑出版《海淀教育》《教育信息参考》《海淀教育史志》和《海淀教育年鉴》等刊物，服务海淀区教育经验成果固化。以教育科研成果的凝练与推广为导向，组织教育科研专业人员深入学校，开展学校经验分析案例研究，以教育科研的视角来分析与推广学校教育经验与成果。

（摘自《北京市海淀区教育科学研究院管理制度》）

9.2　教师研究的指导体系

教师从事教育科研活动，需要主持或参与教育科研课题，其根本目的不是构建教育理论体系，形成创新的教育科研成果，而是解决教学实践问题、提升教育教学质量、促进自身专业发展。作为"兼职"的教育科研工作者，教师研究面临诸多困难，比如，对参与教育科研的方式、途径和策略不了解，对教育科研课题选取、课题申报书及课题研究方案撰

写等需要培训和指导，对教育科研课题研究及成果培育、教育科研理论与方法的应用、课题研究工作组织、课题研究成果提炼等需要个性化指导等。这就需要专业教育科研机构提供指导和支持服务。

各级各类教育科研机构的专业人员，必须承担教师研究的指导和服务责任。传统的教育科研管理重结果、轻过程，如重视论文是否发表，课题是否立项、结题是否完成等。这种管理和服务模式与教师研究背离的，滋生了平庸的、缺乏逻辑的虚假研究成果。必须加强教师研究的过程管理，针对教师研究的过程、资料、内容、方法等进行指导，实现过程管理与研究指导的无缝对接。

从课题选择、研究设计、搜集资料、整理分析、得出结论等多个科研阶段分析的规范性，通过加强全过程的指导，激发教师研究的主动性和自觉性，提升中小学教师的科研意识和能力。同时，加强对教师研究的必要性、价值预期、学术道德等的多方面指导，强化基本科研能力训练。针对中小学教师缺少科研实践问题，注重全方位的科研体验锻炼，强调跨学科、跨领域的团队协作攻关，逐步提升教师的研究能力。

9.2.1　教师研究的指导原则

当前，各级各类教育科研专业机构的指导专家，可分为教育教学理论型、学科教学实践型和教育科研综合型等不同类型专家。教育教学理论型专家可以对教师进行教育教学理论与科研方法应用的指导，主要以高等院校专家为主；学科教学实践型专家侧重教师具体学科教学研究与教学技能提升的指导，主要以学科教研员和教学名师为主；教育科研综合型专家则同时兼有前两种类型的部分优势，侧重为教师在教学实践中应用教育教学理论与方法提供具体的指导，主要以教育科研专业人员为主。

各级各类教育科研指导专家，在指导教师研究活动中，要坚持如图 9-2 所示原则。

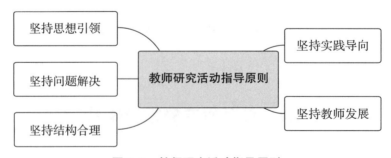

图 9-2　教师研究活动指导原则

（1）**坚持思想引领原则。**中小学教师一般缺乏最新的教育思想和理念，教育科研指导专家首先要对教师进行思想、理念指导，确保研究思想的先进性、科学性和正确性，并指导教师将思想理念与学科教学紧密结合起来，用思想指导实践，用实践验证思想，逐渐形成具有思想深度的教育研究实践成果。

（2）**坚持问题解决原则**。中小学教师在教育科研中会遇到各种问题和困难，如思想梳理、活动设计、方法措施、数据统计等问题，专家指导必须切合教师实际需要，绝对不能把教师作为自己研究数据采集的对象，要尊重教师、主动帮助教师解决研究中的现实问题，要与教师结成研究共同体，带领教师参与到自己的研究活动之中，发挥专业引领作用。研究现实中形形色色的教育问题，并针对问题聚合各种研究力量，以课题或项目的方式，集中突破或化解教育问题，为教育政策的执行提供可操作的经验成果。

（3）**坚持结构合理原则**。中小学教育科研指导活动专家类型，要根据实际需要，建立专家库，专家库应该按照教育教学理论型专家、学科教学实践型专家和教育科研综合型专家等分类组建，并且专家库要体现动态调整、信誉管理、资源共享等特点。动态调整是指建立专家库的准入和退出机制，定期更新专家个人教育科研成果的相关信息；信誉管理是指对专家参与区域范围内的教育科研指导活动的评价，要对其学术道德、指导行为及效果进行跟踪评价管理；资源共享是指在区域范围内，实现中小学教育科研指导专家库资源面向教师开放。

（4）**坚持实践导向原则**。区域教育科研专业机构，必须进一步扎根教育实践，深入学校、融入教师、服务学生，在课堂教育教学中发现问题、提出问题、解决问题，组织开展问题解决式的研究，成为学校创新发展的助推者。专业机构研究人员，不能用理论解读来割裂实践，要充分尊重和理解实践的创新性，并能够用专业理论思想总结提升实践经验，合理解释各种实践创新模式。

（5）**坚持教师发展原则**。专业机构研究人员要主动深入到教师之中，为教师积极建立合作交流平台，提供更多参与课题或项目研究的机会，建立课题研究共同体，发挥自己的社会影响力，吸引教师参加培训会议和研究活动，开阔视野、增长知识，把教师带到教科研道路上来，丰富教师的专业涵养，不断促进教师职业发展和专业成长。

9.2.2　教师研究的指导素养

区县级教育科研工作者，作为离教师最近的教育科研研究专业人员，必须具备教育科研管理能力、研究能力、培训能力、协作能力和学习能力，即教科研指导能力。下面以北京市海淀区教育科学研究院为例，说明区县教育科研专业人员的专业品质和专业素养。

区县级教育科研工作者所要具备的专业素养包括6方面内容：一要有善于从教育发展过程中汲取经验、把握规律、认清趋势的学术眼光；二要有在教育大格局中找准海淀区教科研方位，坚定扎根海淀区大地研究教育的研究视野；三要有从全局谋划、长远思考、整体把握问题的研究设计能力；四要有深入挖掘海淀区教育改革发展的经验和特色，形成研究成果的理论总结能力；五要有系统性、全面性、整体性的进行教育思考与教育研究的专业精神；六要从教师关心的问题入手，站在教师立场进行研究，始终秉持以教师为中心的研究思想和教师立场。

区县级教育科研工作人员需要必备9种专业品质：一是有面对教育科研道路上寂寞与孤独、艰辛与劳苦、迷茫与释然时的坚韧；二是有不抱怨、不气馁，力求实现职业生命的宽度和厚度不断扩展的自律；三是有对教育现象深刻又敏锐的分析、推理与判断的智慧；四是有帮助教师能够"敏于思、善于行"的多元化知识结构；五是有能够坐得住教科研"冷板凳"的勤奋钻研能力；六是有从理论到实践，再从实践到理论的不断自我更新过程中获取经验的能力；七是有笑对人生，无怨无悔的乐观情绪；八是有对教育内因探寻的旺盛好奇心；九是有在自身教育理想与教育现实之间搭建桥梁的超强行动力。

具体而言，区县教育科研工作人员就是教师研究的主体力量和支持力量。下面结合北京市海淀区教育科学研究院的教育科研服务体系，重点说明区县级教育科研工作人员的工作职能。

（1）**他们是教育政策落实的促进者**。海淀区教育科学研究院是对各级各类教育政策变化极为敏感的单位，每年都要组织教师学习和分析各级各类的教育政策，随时把握教育改革方向，结合海淀区教育发展实际，聚焦每项教育政策中的关键问题，分析教育改革中的关键点和实践问题，并将教育政策中的关键点和重要举措转化成教育科研课题或项目，组织教师共同开展课题研究，以调查研究和个案研究的方式，深入教育实践第一线，解决教育政策的落实和执行不到位的问题，同时及时梳理教育改革经验与思想，形成教育改革策略和成果，指导更多学校认真落实国家的教育改革政策，完成教育改革与发展的各项任务，促进学校在不断调整、不断改进、不断完善中保持正确的政治方向，促进教育科学发展。区县级教育科研工作人员穿行在教育政策与教育实践之间，承担着教育理论普及、教育政策执行、教育改革推进等任务，以其独特的研究方式，促进一个又一个教育政策落实，为区域教育改革与发展贡献着思想与智慧。

（2）**他们是教育科研实施的管理者**。教育科研是中小学教师专业发展的必由之路，也是教育教学改进的有效途径，教育科研对中小学教师"立德、立功、立言"都具有重要意义。教育科研不一定能够让所有教师成为教育名师，但教育名师一定要从事教育科研，这是教师专业发展不变的规律。中小学教师通过承担或参与教育科研课题或项目而顺利进入教育科学研究领域，进一步深刻领悟教育理念思想，探究教育规律，积累教科研经验，形成教育科研成果。中小学教师从事教育科研需要专业研究人员的引导、指导和帮助，区县级教育科学研究院的专业人员正是这样专业研究人员，他们介于理论与实践之间，介于高校、研究院所专业研究人员与中小学教师之间，组织课题组，对一项又一项新鲜出炉的教育思想、理念进行实证性研究，负责制定切实可行的课题研究方案，组织教师教育科研活动，收集、整理、分析研究资料和数据，指导学校开展相关研究，提炼课题研究思想并形成研究报告。同时，区县级教育科学研究院直接对接市级和国家级教育科学研究院，负责指导中小学教师申请北京市和国家级的教育科研课题（项目），负责学校各项教育科研课题的立项、评审、实施和验收等工作。

（3）他们是教育科研活动的组织者。海淀区教育科学研究院作为一个"上联下达"的业务单位，一则要传达市区以上的教育科研活动精神，二则要承担学校之间各种观摩和研讨活动的组织管理工作。学校为了提升办学质量和水平，每学期都会组织各种各样的教育科研活动，以此扩大学校声誉和影响力，提高办学质量，形成办学特色，比如教育教学研讨、课程设计与实施、教学诊断评价、教育发展调研、教育改革成果评比、教育论文撰写、教育成果推广等活动。一般情况下，这些大型教育科研活动，学校都会提前向海淀区教育科学研究院提出申请，海淀区教育科学研究院则在每学期初负责编印学校教科研活动大事记，具体负责各个学校教育科研活动的策划、组织、指导、协调和统筹管理。为了便于各种教育科研活动的组织和实施，海淀区教育科学研究院建立了教育科研联系人制度，要求每位研究人员负责若干所学校，采用划片、划校式管理模式，负责收集并反馈学校教科研问题、做法、经验与需求，发现学校优秀的教科研成果，推广和宣传学校的教育科研经验。

（4）他们是教师专业发展的助推者。学校教科研的根本目的是促进教师专业发展，引导教师在工作中研究，在研究中工作。教育科研是教师专业发展的必由路径，教育科研能够引导广大教师走上幸福专业发展道路，让教师体验学术研究乐趣，增强教育教学改进和提升能力。海淀区教育科学研究院专业研究人员是中小学教师从事教育科研的引路人，也是合作者、帮助者和指导者。他们根据个人研究领域和重点方向，通过普及教育思想理念、举办专题讲座、开展听评课活动、组织沙龙研讨活动等方式，深入学校、深入课堂，与教师打成一片，传播教育思想理念，交流教育策略与方法，从教师日常工作中寻找教育问题，帮助教师分析和解决实践中的问题，建立以小课题为导向的学习共同体，共同开展"问题解决式"教科研活动，形成科学有效教育问题解决策略，引领教师在教科研过程中学会研究，领悟教育研究真谛，自觉主动开展教育教学研究，从而成为教育实践领域的行家里手，不知不觉走上教师专业发展道路，迈上通向"教育家"的康庄大道。

（5）他们是学校特色发展的研究者。基础教育要办成人民满意的学校，就得办多样化、特色化的学校。学校要以质量求生存，以特色求发展。学校特色体现在办学理念、管理体系、课程建设、育人方式、校园文化和教育评价等各个方面，学校特色的形成是一个发展建设过程，是继承与发展的结果。学校发展像所有组织发展一样，处于不同的发展阶段学校，会有不同的发展模式。海淀区教育科学研究院研究人员长期深入学校，扎根教育实践，及时了解学校发展现状、问题和需求，积极参加学校各种研究活动，采用各种各样的学校发展诊断量表，发现学校、分析学校、读懂学校，为学校制定特色化发展的方向、思想和路径，引领学校教师聚焦发展中的核心问题，持续地开展研究、探索和实践，收集和积累大量数据、证据和案例，帮助学校凝练办学经验和成果，从学校文化、育人模式、课程建设和管理体系等方面，寻找并持续打造学校办学特色，建设学校的制度文化，形成学校独有的文化品牌，推广和宣传学校办学成果，服务学校多样化、特色化发展。

（6）他们是教育行政决策的咨询者。海淀区教育科学研究院作为海淀区教育委员会下属的事业单位，必须服务行政决策。海淀区教育科学研究院研究人员通过参与海淀区教育发展规划的制定，参与决策咨询研讨，及时了解教育改革方向，及时更新和调整研究方向，围绕教育政策重点、热点和难点，展开调查研究，为教育决策提供全过程咨询服务。海淀区教育科学研究院大量的教科研工作任务来自海淀区教育委员会，需要围绕行政决策展开研究。海淀区教育科学研究院必须与海淀区教育委员会紧密结合，这是教育行政决策的一条"虚实结合"的辅助线。教育科研必须伴随教育决策的始终，两者相伴相随、不离不弃，为行政决策提供新思想、新理念、新策略、新方法。这样既能确保教育决策的科学性、高效性，减少决策的随意性，防止决策失误，同时也有利于教育研究成果的及时转化和推广。教育科研必须服务行政决策，教科研服务能力是衡量一个区域教科研质量和水平的重要标志，也是教育决策不可或缺的保障力量。

区县级教科研工作者以观察者的身份行走在教学第一线，这就要求我们需要具有很强的实践体验能力，在深入教育现场的观察中，真切体会教育的发生和教师的成长，并将所见所想与一线教师顺畅沟通。但是不同于教师和学生，区县级教科研工作者作为教育的第三方，需要有很强的经验提升能力，以科学研究的视角审视教育实践过程，提出思考和修正的意见或建议。

总之，各级教育科学研究院研究人员，需要组织中小学教师团队，共同开展课题研究，作为教科研管理者的角色如同班主任，需要考虑如何增加"课题组"的凝聚力，积极引导教师参与到课题研究活动中来，不断提升自己的研究素养和能力。面对新的教育改革发展形势，区县级教育科研工作者必须树立正确、清晰的思想认识，要紧紧围绕教育科研工作的核心功能，不断开拓新的研究领域，积极把教育政策或改革方向转换成教育科研的课题或项目，转变成教育实践行为，从而有指向性地发挥教育科研的政策执行力，也以此提升区域教育科研机构的核心竞争力。

9.3　教师研究的培训体系

针对教师研究的实际需要，建立系统化的教育科研培训与培养体系，从组织体系、课程体系和评价体系等多方面，提高教师科研能力和素养。在此，建议各地将科研培训纳入教师继续教育的必修项目，充分发挥培训对教师能力的促进作用。通过开办讲座、学习交流、经验总结、学术活动、外派学习考察和开展现场培训等多种活动形式，促进教师相互学习交流。

9.3.1　教师研究的培训课程体系设计

通过开展思维模式、问题视角、文字表达等方法和行为理念培训，提升教师的科研素养；通过开展教育教学知识、学科知识等基础理论培训，构建教师科研的理论基础；通过教育科研方法论的培训和学习，提升教师的科研能力；通过操作方法和使用工具的学习，提升教师教育科研的操作能力；通过组织教师参与多种科研学习交流，了解和掌握教育科研前沿动态，激发教师的创新意识。另外，由于中小学教师平日工作繁重，可适当增加个性化服务，推进问题导向的方法，兼顾培训知识传授和专题研讨。建立教师研究的培训体系，要达到以下两个目的：

一是通过培训活动，引导教师不断学习先进教育思想和理念，切实发挥教育研究的思想引领作用，帮助教师从经验型走向研究型、从实践型走向专业型，促使教师以教育研究的心态，创造性地开展教育教学实践工作，扎根教育实践，提炼教育经验，形成教育成果，持续保持教育教学思想的领先性，不断提高自己的教育教学研究能力。

二是建立科学的教师研究的培养机制，创新培训制度。有目的、有计划、有课题、有组织地组织教师，开展基于教育教学实践问题解决式的教育科研，引导教师在参与课题或项目的研究活动中，不断丰富自己的教育经验，重整、提炼、升华自己的教育思想，并在教育实践中验证、丰富和创新教育思想，走上依托教育科研的专业发展之路。

教师研究的培训课程设计，要由区县级教育科学研究院长期从事教师专业发展的研究人员，会同高校、科研院所的教育学、心理学相关专家共同完成，并在广泛征求意见的基础上完善研修课程结构体系，如图 9-3 所示。教师研究的培训课程设计既要遵从教师的成长规律，注重教育理论思想培训，注重教育教学实践问题诊断，注重课堂教学观察评议；更要围绕优秀教师的专业精神、专业知识和专业能力等方面，组织教师开展专项研究、课题研究、经验提炼和成果宣传等研修活动。

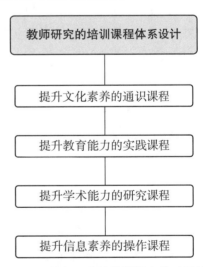

图 9-3　教师研究的培训课程体系设计

（1）**提升文化素养的通识课程**。文化素养的通识课程包括哲学、社会学、心理学、教育学等课程，尤其要重视中华优秀传统文化课程。现代教育理论、文化哲学、心理学等课程是通识课程的核心，重点开展教育观、学生观、教学观等理论培训，采用"集中培训＋课程选购＋自主阅读＋分组研修"等"四维"培训方式进行，重点提升教师的文化思想素养，丰富文化底蕴，树立科学的教育价值观。

（2）**提升教育能力的实践课程**。按照不同学段划分成中小幼等组别，采用"课堂观察

＋专题研讨＋导师指导＋教学改进"等方式，搭建优秀种子教师教育教学展示交流平台，举办专题研讨活动。聚焦学生核心素养的培养，组织开展课堂观察及评课活动，共同研究课堂教学设计、教学实施、作业设计及教学评价，指导教师研究教育教学过程中的真问题，形成具有个性化的教育特色和教学风格。

（3）**提升学术能力的研究课程**。设计教师职业发展规划、教育叙事、教育经典阅读等课程。针对教师教育教学实践中的真问题，鼓励和引导教师独立承担课题研究工作，并在课题研究中应用科学方法、组建研究团队、开展合作研究。引导教师在教育实践中经历发现问题、确定课题、组织研究、形成结论、梳理成果和推广经验等教科研全过程，使其成为研究型、学术型的优秀教师。

（4）**提升信息素养的操作课程**。面向未来，教师需要具备信息意识、计算思维、数字化学习能力、信息判断能力和逻辑推理能力。引入教育信息化专家，依托各级教育科学研究院信息技术实验室，开展教师的信息技术意识、信息技术知识、信息技术能力、信息技术伦理等培训，不断提高教师的信息技术素养，促进信息技术与教育教学深度融合，鼓励教师利用信息技术工具不断改进教育教学。

9.3.2 教师研究的培训工作方式创新

为了提升教师研究的能力，要为教师设计科学培训课程体系，同时，还要创新课程设施方式，建立灵活多样的课程实施体系，促进其快速成长，服务教师科研能力提升，如图9-4所示。

图 9-4 教师研究的培训工作方式

（1）**以发展共同体推进实施**。根据教师的职业发展特征，以课题研究为载体，按照学段、学科等组成不同的发展共同体，组织开展教育教学研讨活动，每年组织开展教育征文评比活动，不断提升优秀种子教师的学术素养，促进教育教学实践的不断改进。

（2）**以双导师制促进教师发展**。分级分类建立教育"理论和实践"的双导师制，通过导师指导、工作室（坊）辅导、课题研究、课堂教学研究、听评课、参加学术会议、学校参访考察、学术成果交流等研修活动，推广教育教学研究经验和成果，探索优秀种子教师快速成长的实践路径，建立从经验型教师到研究型教师的研修模型，整体提升教师队伍质量和水平。

（3）以论坛研讨搭建发展平台。充分利用国内外高等院校和科研院所的专家力量和社会资源，搭建理论与实践对话交流平台。围绕教师专业发展过程中的热点、难点和重点问题，举办教师专业发展学术论坛，研究教师发展的机制、制度和路径，为优秀种子教师提供展示平台和学术发展通道，探索优秀种子教师培养模式的创新。

（4）以网络课程加强教师发展。加强教师研修的网络课程资源建设，促进线上与线下研修的深度融合。针对优秀种子教师专业发展的现实需求，选择、购买、培育和建设一批高质量的网络研修通识课程，建设丰富多样、高质量课程资源库，构建线上与线下相结合的教师研修课程体系，满足教师的发展需求。

（5）以成果宣传提升教师影响力。以主题征文、论文评比、学术交流、成果宣传等形式，推广优秀种子教师的教育教学研究成果。不定期召开教师专业发展学术交流及研究活动，促进教师将教育理论与教学实践相结合。以优秀教育教学经验成果推广的方式，实现优秀种子教师研究成果转化，不断提高其学术影响力。

（6）建立优质教育资源共享机制。发挥各级教育科学研究院资源优势，为教师培训提供成果资源、课程资源和教师资源等，鼓励教师申报课题，成为课题负责人，带领和组织团队进行教育教学课题研究；鼓励教师进行教育教学实践探索，提炼和总结教育改革经验，共享教育成果。

9.4　教师研究的评价体系

加强对中小学教育科研的过程评价，形成围绕教育科研的工作流程，进行内容驱动的项目管理，注重科研资料与成果的存档和科研成果推广，实现教育科研全过程痕迹化管理。运用科学合理的评价管理，能够加强教育科研的感召力和优越感，激发教师的教育科研热情和实践冲劲，提升中小学教育科研的实效。

建立教师研究的评价体系需要注意以下问题。

一是实践导向性。教师研究必须要置身于鲜活的实践中，必须深入课堂、贴近学生，在具体生动的教育情境中，多观察、多发现、多提炼，直面问题，解决问题。教师研究不应该是"自吟自唱""自我陶醉"，而应该服务于教育教学改革、服务于教师专业发展，与教育教学实践工作相伴而生、相向而行，积极主动地融入教育实践中去。通过独立思想、科学设计、实践探索、生动案例、显著效果来影响并引领教育实践变革，有时还需要担当教育实践改革的"侦察兵"和"尖兵"，因此又要具有"破冰"的勇气，率先探索，敢于实验。

二是合作研究性。教师研究与高等院校、科研院所的学术研究不同，不可能稳坐书斋、平心静气、心无旁骛地静静思考、默默书写，工作目标也不全是著书立说，成名成家。教师研究要从个体研究向群体研究、合作研究转变；从独立研究向技术应用、协同创新转变；从思辨研究向依赖数据收集、分析研究转变；从重论文著作向服务决策、服务实践、强调实践效益转变。教师研究注重建设研究共同体，开展合作研究、群体研究，在研究过程中实现专业发展的目的。

建立教师研究的评价体系，要着力从如图 9-5 所示的六个角度入手。

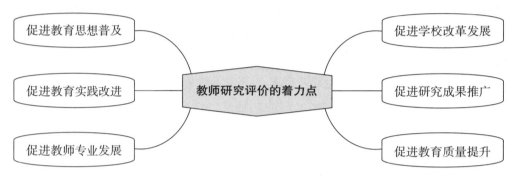

图 9-5 教师研究评价体系的着力点

（1）**促进教育思想普及**。教师在研究过程中，必然要学习新思想、新理念，用新思想、新理念分析教育现象、解决教育问题。在研究过程中，教师重新认识教育理论和发展规律，使得科学教育教育思想、教育理念得到普及和推广。通过教师研究活动，启发教师持续改进自己的思维方式，用新的视角去分析和解决教育教学中的新问题，引领更多教师学习和掌握新思想、新理念，促进教师的教育思想的更新与深化，使教师适应教育变革发展的现实需要，充分发挥教育研究的引领作用。

（2）**促进教育实践改进**。教师研究基于教育实践、生成于教育实践，也服务教育实践，研究成果也从实践中脱颖而出，自然具有指导实践的强大影响力和生命力。评价教师研究的成果，必须从教育教学实践改进来衡量。应用性和实效性是教师研究追求的根本目标，也是教师研究成果的主要特点。这种应用性和实效性主要表现在：对教育实践推动和改进作用；为其他学校、其他教师提供思想启迪和方法借鉴；为引导更多教师共享成果，避免重复研究，进而达到改进教育思想方法，促进教育改革发展的现实目的。

（3）**促进教师专业发展**。教师从研究中吸取养料，学习教育教学新思想和新方法。在课题研究过程中，教师经历思想碰撞、情感冲突和经验启发，并努力将新思想与自身已有的经验相结合，做到思想与实践的有机融合，不断突破原有的思维模式和认知框架，力求在教学实践做法上有所改变、有所创新，进而形成自己独创的教学思想和教学模式，成为具有独特教学风格的教师，获得专业发展中的关键突破，实现教育教学能力的大幅度提高，也促进自己专业发展迈上关键一大步。

（4）**促进学校改革发展**。教师研究有利于提高学校教育教学质量和管理效益。学校组织教师开展教育科研课题研究，有利于推进学校改革与发展，教师研究成为学校可持续发展的内在动力。教师参与研究的质量和数量，是一所学校品牌与实力的象征，需要建立有利于教师参与研究的学校机制与制度。教师参与研究，让"科研兴教""科教兴校"落到实处，成为现实，对学校建立和谐文化、学习文化和研究文化等都具有重要意义。

（5）**促进研究成果推广**。在许多教师的认知中，教育科研的"虚假论""无用论""低效论"大量而客观地存在。教育理论与教育实践"两张皮"的现象长期没有得到很好解决，其中一个重要原因就是忽视研究成果的推广应用。教育科研成果作为一种潜在的生产力，是一种促进教育改革和发展的力量，这种力量只有通过教育科研成果的推广应用，才能得到体现和展示。教育科研成果的推广应用，是教育科研效益的直接体现，是教育科研生存和发展的强大生命力和重要基础。

（6）**促进教育质量提升**。教师研究，自然要生成新的教育思想、教育模式和教育经验等，这些都是宝贵的教育科研成果。教育科研成果一旦产生就有了推广应用的价值。在教育科学成果宣传、推广和应用过程中，必然会激发更多教师从事教学研究，为更多教师搭建理论学习与专业成长的重要平台。这对于提高教师业务知识和教育素养，动员和激励更多人参与到教育改革之中具有重要意义。当越来越多教师认识到研究意义和价值，愿意参与到研究中来，在研究中钻研教学、钻研教材，一个学校或一个地区的教育教学质量，自然而然就会得到大幅度提高，建立高质量基础教育必然指日可待。

北京市海淀区教育科学研究院科研人员考评指标体系

表 9-1　北京市海淀区教育科学研究院科研人员考评指标体系

评价领域	评价维度	评分细则	赋分	个人自评	部门评价	院级评价
一、师德师风		1. 违反师德严重事件，影响区教育科学研究院工作声誉 2. 出现严重工作失误，给区教育科学研究院造成重大损失				
二、岗位履职	（一）课题研究	3. 聚焦某教育研究领域，深入学校发现教育实践问题，提出教育研究课题，组织教师开展教育实践研究，梳理教育思想，形成教育科研成果，指导教育实践，帮助学校或教师改进教育教学 4. 承担区级规划群体课题（项目），梳理形成教育思想和教育理念，提出群体研究基本思想和理念，制定切实可行的课题研究方案，组织教师开展教育科研活动，收集、整理、分析研究资料和数据，指导学校开展相关研究，提炼课题研究思想并形成研究报告 5. 积极申请北京市市级和国家级的教育科研课题（项目），能够独立承担并组织开展研究，能在区内外形成研究团队，独立开展研究工作，完成研究任务，形成研究思想成果				

（续）

评价领域	评价维度	评分细则	赋分	个人自评	部门评价	院级评价
二、岗位履职	（一）课题研究	6.积极参与教育信息化上级部门的各级各类课题申请，并主持或参与课题研究工作，探索教育信息化与教育教学深度融合的方法与策略，积极总结和提炼课题研究成果				
	（二）科研管理	7.承担区教育科学研究院的课题管理、政策研究、教育评价、课程改革、教育信息化、成果宣传等岗位工作，高质量高水平完成教科研管理岗位工作 8.承担教科研部门的会议筹备、活动组织、调研总结、成果评比、论文撰写、自媒体宣传、成果推广等岗位工作 9.承担海淀区科研联系人任务，负责收集并反馈学校教科研问题、做法、经验与需求，负责发现学校科研骨干与优秀科研成果，及时反馈到区教育科学研究院相关管理部门，并将各级教育科学研究院的科研政策方向和重要研究项目课题及时传达到学校 10.积极承担区级教育信息化建设项目，参与区域教育信息化重大项目的立项、评审、实施和验收等工作 11.积极承担区级教育信息设备设施运维、网络安全、教育资源云数据库建设等技术支持工作，确保区级教育信息化安全运行				
	（三）教师培训	12.根据个人研究方向，深入学习领会相关教育理论思想，及时形成专题讲座（培训主题），积极深入学校开展教师培训，普及教育理念和思想，传播教育思想，引领区域教育改革实践 13.积极提交论文参加各种专业领域学术会议，并在专业会议发言、交流；积极承担区级及以上的教师培训，推广教育思想、经验，交流教育策略和方法，提升教育科研影响力				
	（四）学校指导	14.深入到学校，积极参加学校各种会议和活动；积极参与听评课活动，发现学校教育改革动态、经验和成果；积极撰写学校分析案例，推广学校经验成果，服务学校改革与发展 15.根据教育政策发展变化，引导学校落实教育政策，提出和设计教育改革方案，引荐教育专家学者，提出教育改革推进策略，指导学校进行教育教学工作改进和开展教育教学改革 16.深入学校，及时了解学校信息化发展现状、问题和需求，填写学校信息化案例分析表，为学校项目申请、评审和建设提供技术支持				
	（五）服务行政	17.积极参与市区两级的各种教育工作会议，及时了解教育政策和教育改革方向，及时更新和调整研究方向，创新教育研究的策略和方法 18.积极围绕热点问题开展专项研究或调查研究，并形成成果；积极参与区政府、区教委重大项目，发挥教育理论思想的引领作用				

（续）

评价领域	评价维度	评分细则	赋分	个人自评	部门评价	院级评价
二、岗位履职	（五）服务行政	19. 积极参与各个部门会议筹备、工作总结、专家邀请、参考信息编撰、会议宣传、会议服务等事务性工作；积极服务行政和相关部门的工作 20. 配合区教委大型教育信息化项目立项、建设和服务支持工作，积极深入高科技企业调研，及时了解教育信息化的技术发展状况，为市智慧办、经信办的相关教育信息化政策制定提供服务				
	（六）学术成果	21. 按期完成"四个一"交流活动，并及时提交学术论文 22. 主动积极公开发表文章 23. 积极参与区教育科学研究院著作的编辑和撰写工作 24. 积极撰写自媒体宣传稿，及时主动宣传教育科研成果				
三、跨部门协作		25. 关注并参与区教育科学研究院重大活动，积极了解各个部门工作动向，并积极宣传和传播区教育科学研究院工作经验和成果 26. 愿意参与跨部门重大活动，承担重要工作任务，做好配合服务工作，能够在合作研究获得精神力量，吸收学术营养				
四、突出贡献		27. 获得区级以上荣誉 28. 出版重要专著，做出重大学术贡献 29. 为区教育科学研究院做出突出贡献 30. 完成区域重大教育信息化建设项目				

9.5　教师研究的成果评奖体系

教师研究所取得的成果，可以参加各级各类的教育教学成果和教育科研成果评审。这两个系列的评审，均是由省市级教育科学规划领导小组组织评审，并逐级上报的。这两个系列的评审，皆属于教育行政管理部门直接组织的，具有很高的权威性和含金量。教师还可以参与各级各类教育学会组织的教育教学成果评审，这类评审更具有群众性、实践性和广泛性等特点。组织教师参与各种系列的教育教学成果评审，一方面是对教师研究的鼓励、激励和肯定，另一方面也有利于增强教师的成就感、获得感和幸福感，带动更多教师参与研究、参与教学改革，在平凡的职业生活中，干出不平凡的事业。

全国基础教育教学成果奖，源于1994年3月中华人民共和国国务院令第151号颁布的《教学成果奖励条例》。根据这一条例，各省（自治区、直辖市）人民政府先后组织教学成果评奖。2014年1月，国务院批准开启国家级基础教育教学成果奖申报评审工作，评审工作每4年举行1次。教育部分别于2014年和2018年组织了2次国家级基础教育教学成果奖申报评选工作。这是基础教育领域内由教育部设立的最高级别的业务类奖励，是展现地区和学校教育教学改革成果，促进地区教育现代化的重要窗口，对于鼓励广大教育工作者积极开展教育教学研究、深化教学改革、提高教学水平和教育质量等方面发挥了重要作用。

全国基础教育教学成果申报范围是：凡按国家规定批准设立的基础教育阶段学校（普通中小学、幼儿园、特殊教育学校）、研究机构及其他社会组织，教师及其他个人，在基础教育课程、教学、评价、教研等方面取得的创新性成果，均可申报省级基础教育教学成果奖。与基础教育教学工作无直接关联的常规师训、管理改革、事业发展、中小学教材和教育网站建设等，不属于申报范围。教学成果奖不同于科研论文和课题研究，更强调方向性、创新性、实践性和规范性，呈现样态是经过实践检验的教育教学问题解决方案，所以要指向真问题，要以实证说话。基础教育教学成果奖评审标准主要体现如图9-6所示。

图9-6　基础教育教学成果奖评审标准

（1）**方向性**。坚持党的教育方针、政策，体现立德树人根本要求和时代精神，发展素质教育，遵循学生身心发展和教育教学规律。面向未来，坚持和引领基础教育课程改革的基本理念和政策要求，切合基础教育实际，对于教育教学实践具有一定的引领作用。

（2）**创新性**。立足于教育教学研究的前沿，围绕解决基础教育教学过程中的实际问题和应对未来挑战，创造性地提出科学的理论、思路、方法和模式。成果所呈现的教育教学方案有一定的理论创新，或在实践过程中取得突破性进展，在省（区，市）内甚至国内处于领先水平，并产生一定影响。

（3）**实践性**。研究与实践过程规范，采用的方法与问题相吻合。探索过程完整，方法严谨，结论客观、真实，不掩饰问题和缺陷。成果须经过不少于2年的实践检验，特等奖实践检验时间不少于4年，对于实现培养目标、提高教学水平和教育质量效果显著，至今仍在教育教学中发挥示范引领作用。

（4）**规范性**。成果要件构成完整，能够全面展示成果的主体内容；行文格式规范，文字表达准确流畅，简洁严谨，图表、视频清晰，引注准确无误。其中成果概要应全部用文字叙述，字数不超过800字；成果报告格式要与成果特点相一致，字数不超过8000字。提交材料无须过度装帧，统一使用规定样式。

什么样的教学成果是好基础教育教学成果？

首先，一个好基础教育教学成果必须来自基础教育实践一线。如果没有实践的痕迹，单纯"写出来的成果"可能是一篇好论文，但一定不是好成果。好基础教育教学成果来自于基础教育阶段多年的教育教学实践，对基础教育实践的变革具有影响力和推动力，在基础教育教学质量提升、在基础教育阶段学生全面发展等方面发挥了重要推动作用。

其次，一个好的基础教育教学成果必须经过实践经验。按照评价标准要求，必须有 2 年及以上的基础教育实践，经过实践检验的理论、思想或模型，才能具有前瞻性、普适性和可持久性。判断的重要标准是看该成果所形成的方案对改进基础教育教学、促进基础教育阶段学生发展的作用有多大，能否提供符合逻辑的实证支撑。

最后，一个好的基础教育教学成果必须是实践经验提升。成果最终是以文本呈现的。一些成果尽管有较好的实践基础，但缺少将鲜活的实践案例从感性表达上升到理性认识，使其实现从具体到抽象的提升，那就会被淹没在众多成果之中，不可能脱颖而出。因此，必须要对成果进行提炼和升华，让成果在基础教育实践基础上更具有理论推理的逻辑性。

总之，一个好的基础教育教学成果，要能反映教育教学的重点、难点问题，基于区域、学校、学科的研究基础和优势资源，在实践中既做得扎实有效，又能提炼到位；既反映理论突破，又有实践创新；既能适合本地实际，又能推广应用，最终指向改进基础教育教学，促进基础教育阶段学生的全面发展。

参考文献

[1] 冯晓英，宋琼，张铁道，等 . "互联网 +" 教师培训 NEI 模式构建——基于扎根理论的研究 [J]. 开放教育研究，2019，25（2）：89-98.

[2] 冯晓英，宋琼，吴怡君 . "互联网 +" 教师培训与专业发展：深度质量评价的视角 [J]. 开放学习研究，2020，25（3）：5-11.

[3] 冯晓英，郭婉瑢 . "互联网 +" 时代的混合式教师研修：理念与实施路径 [J]. 教师发展研究，2021，5（1）：38-45.

[4] 朱旭东，裴淼 . 教师学习模式研究：中国的经验 [M]. 北京：北京师范大学出版社，2016.

[5] 丛立新 . 沉默的权威：中国基础教育教研组织 [M]. 北京：北京师范大学出版社，2011.

[6] 陈向明 . 教育研究方法 [M]. 北京：教育科学出版社，2013.

[7] 郑金洲 . 教师如何做研究 [M].2 版 . 上海：华东师范大学出版社，2013.

[8] 劳伦斯·纽曼 . 社会研究方法：定性和定量的取向 [M]. 第 7 版 . 郝大海，等译 . 北京：中国人民大学出版社，2021.

后 记

1988 年，我从北京师范大学毕业，分配到海淀区教育系统工作。从此，就在北京市海淀区教育科学研究所（院）一工作就是 30 多年，再没有离开过，也再没有想过离开教育行业，离开我所热爱的基础教育研究工作岗位。

我是一个善于思想、热爱思考之人。每日沉醉于教育问题的思索之中，提出问题、分析问题和解决问题。时时深入学校，组织教师开展课题研究，为学校管理提出意见和建议，已经成为我的一种职业习惯。在基础教育研究领域，我的研究并不够深入，但是比较广泛，几乎涉猎基础教育的全领域，从教育思想、课程教材、教学过程、管理模式到评价体系等。这可能与基层教育研究的特点有关。海淀区教育科学研究院是我国最基层的教育科学研究院，也是最接近一线教师的教育科研单位。所开展的研究，不同于教育理论研究，大多数来自教育实践的现实问题，是一种基于教育改革实践的问题解决式研究，即有什么样的教育改革方向，就有什么样的研究内容。这就导致了我的研究方向比较宽泛，而研究深度明显不够。

多年从事教育科学研究的经验，使我深深体会到基础教育改革的不易，从事教育实践研究就更为不易，不仅需要理想主义的教育情怀，需要随时保持理性思索的习惯，而且需要直面教育现实中的问题，面对种种教育难题，不回避、不退缩，勇于实践、勇于总结，逐渐形成解决教育问题的有效策略。教育科研是一项入门容易、成功难的工作。教育思想观念的推陈出新、策略方法的改进创新等，都不是一蹴而就的，需要漫长的实践过程。

对任何一个教育事件，教育科研人都不能置身事外，不能忽视对教育问题的本质探索，更不能用抽象的理论和冰冷的数据，代替对教育生活的真实体验。需要敢于正视教育现实，敢于用犀利的目光透视教育、评述教育、研究教育。通过课堂观察、一线调研等方式采集资料，总结经验；需要不断反思体悟与躬身实践，再进行实践检验，去粗取精，去伪存真，提炼形成教育实践理论。教育科研既需要感性的现象学研究，也需要理性的实证学研究，两者之间的融合贯通，才是真教育研究。基层教育科研工作，直接与广大教师接触，必然是一项真实的、有温度的、饱含情感的工作，需要注入饱满的教育情感，能够从一个又一个鲜活的教育故事中，寻求教育的智慧，探索教育规律。

这本书，是我从事教育科研工作 30 多年的所思所想，是真情实感的经验汇集，也是个人职业生涯的见证。本书几乎所有内容均来自我曾经的演讲、培训或论文等，有些内容在我的一些论文中也有所体现，比如，关于教师为什么要研究、教师怎样开展研究、教师阅读素养和信息素养等。借助本书的写作，又促使自己将过去的一些思想进行重新梳理、分析和提炼，形成较为系统的思想观念体系。希望将此书献给我热爱的基础教育事业，愿更多中小学教师在研究过程中实现专业发展，研究学生、研究教育、研究课程、研究评价等，最终成为学识丰厚、思想宽广、文化丰厚的"研究型教师"，无愧现代人民教师的职业成长和专业化发展。

我的职业生涯，几乎见证了海淀区教育科研事业的成长历程。海淀区教育培育了我，海淀区教育精神滋养了我，我热爱海淀区教育，也感恩海淀区教育。本书所收集的案例，均来自海淀区教育改革与实践，是本人在参与海淀区教育改革与发展过程中，观察、收集、积累和提炼的一些案例，成为本书重要的数据和论据。在此，我非常感谢海淀区教工委、教委的张卫光、尹丽君、陆云泉、王方、杜荣贞等历任领导，感谢他们的宽容、信任和支持，把我放在教育科研这个重要的岗位上，使我能够实实在在地为海淀区教育做一些事情，不负青春、不负韶华。

本书成书前后持续一年多时间，在这期间，我得到海淀区教育科学研究院同事大量的思想启迪。正是他们的教育科研实践给了我成书的信心和勇气，在此我感谢多年教科研工作同事严星林、宋世云、张纪元、闫顺林、张晓玉、王笑梅、文军庆、杜卫斌、林喜杰、王瑞、王侠、方丹、孔伟、侯兰、谭可，正是他们的不懈努力和勤奋工作，给了我从事"教师研究"的思想和方法。另外，我尤其感谢中国教育科学研究院未来学校实验室主任王素，正是她的不断激励和督促，本书才得以完成。整个写作过程是在新冠肺炎疫情防控期间，又是工作之余，资料信息极为有限，也受个人能力水平影响，未免有许多不足的地方，只能留给读者批评指正。

吴颖惠